超入門
マイホームを建てたい人が
はじめに読む本

増補版

トクする家づくり
損する家づくり

ハイアス・アンド・
カンパニー株式会社〔著〕

ダイヤモンド社

はじめに

マイホーム購入は、ほとんどの人にとって一生に一度の経験です。それでいて、人生で一番高い買い物なのです。建てたあとに失敗に気づいてどんなに後悔しても、建て直すことは簡単ではありません。

せっかくマイホームを手に入れたというのに、「こんなはずじゃなかった」「ああすればよかった」と何らかの不満を抱き、「建てる前に、もっと勉強しておくべきだった」と後悔している人たちがどのくらいいるのかご存じでしょうか。

住宅購入者を対象に「マイホームを購入する前に、住まいづくりに関する勉強会があったら参加したかったと思いますか?」という調査を私たちが行ったところ、「参加したかった」という答えが24・3%。「どちらかといえば参加したかった」と答えた人が44・2%でした。実に、7割近くのマイホーム購入者が、「後悔」をしているのです。

なぜこんなことが起こるのでしょうか。

その原因として、一生に何度も買ったり建てたりする経験がないゆえの、買う側の知識不足があることは想像しやすい話なのですが、実は住宅を提供する側にも「資産価値や快適性に関わるさまざまなリスクを判断するための十分な情報提供を行わないまま、購入意思決定をさせてしまう」悪習があります。

また、日本で滅失された（壊された）住宅の「建てられてから壊されるまでの年数」は平均30年程度ですが、これは長きにわたって使うためにはどう建てればよいかを理解しないまま建ててしまい、結局長く使えない住宅となったためです。つまり、「長く資産として持たれるべき住宅が、耐久消費財的な扱いを受けている」理不尽な実態があるのです。

私たちハイアス・アンド・カンパニー株式会社は、住宅業界の旧弊にとらわれず、「個人の消費者が、住宅を納得し、安心して取得（購入）、居住（運用）、住替（売却）できる環境をつくる」ことを目的に、事業に取り組んでいます。

具体的な取り組みとして、私たちは住宅会社向けに、そして消費者向けにそれぞれ「本当にいい家の建て方」を発信、啓蒙、支援をしています。住宅会社向け、特に技術開発や人材教育が難しい中小事業者向けには、彼らのお客さまにとって価値ある住宅をつくるための商品開発や技術指導、消費者への情報提供のやり方をまとめて経営支援を行う一方で、消費者に向けては「賢い家づくり勉強会」を開催して、家を建てる際に本当に大切にすべきことは何か、を考えていただくための情報発信を長年にわたって続けてきました。

おかげさまで、これから家を建てようとする方から、「知らない内容ばかりで、とても勉強になった」「建てる前に知っておいて、実に助かった」と大きな賛同をいただいています。

本書は２０１６年10月に刊行した「トクする家づくり　損する家づくり――人生最大の買い物で後悔しないために　賢くマイホームを建てるコツ」を改訂し、情報のアップデートを行った増補版です。本書を企画した経緯として、２０１６年版の冒頭においてこう記しています。「(勉強会などでお伝えしている内容を) 勉強会に来られない方たちにも知ってもらいたい。建てて後悔する家づくりを一つでも減らし、家族が幸せに暮らせる本当のいい家がたくさん増えてほしい。この本の出版は、私たちのそんな切実な願いを形にしたものです。」

この思いは今でもまったく変わりません。

２０２１年10月　ハイアス・アンド・カンパニー株式会社

Contents

第2章

トクする家づくりは住む人にやさしい環境づくりから

第3章

安心・安全のためにも家屋を支える土台にも目を向ける

第4章

住宅会社によってマイホームの品質が大きく変わる

第5章 土地や建物以上に重要!? マイホームを建てるために欠かせないお金の話

※本文中にある補助金等の制度や税制は執筆時点(2021年9月)のものです。

第1章

一生に一度の最大の買い物で失敗しないために

念願叶って手に入れたマイホーム。ところが、実際に生活しているうちに、「ああしておけばよかった」「どうしてこんなことになってしまったのか」と後悔するケースも少なくありません。住宅の購入で「失敗」してしまう人が多いのはなぜなのか？　まずはその原因にスポットを当てながら、「いい家」をつくるための基本的な心構えを解説していきます。

01

あなたのその家、本当に「いい家」ですか？

「いい家とは、いったいどんな家ですか？」

こう聞かれたとき、あなたはどんな家を思い浮かべますか？

大きな地震にも耐えられる家、南向きで日当たり良好な家、間取りが使いやすい家、省エネ性能が高い家、水回りの使い勝手がいい家、体が不自由な人にもやさしいバリアフリーな家、収納スペースが多い家、シロアリが出ない家、湿気がこもらない家、カビや結露がない家。

そんな家をイメージする人が多いのではないでしょうか。あるいは、立派な塀に囲まれた庭を大きな犬が元気に走り回っている光景や、真っ白な美しい壁の豪邸を思い浮かべるかもしれません。通勤を考えて駅から近いことや、ステータスの高い高級住宅街の中にあることなど、立地を重視する人もいるでしょう。売るときに高い値段がつくこと、つまり資産価値を重視する考え方だってあります。

正解を知らないまま人生最大の買い物をさせられる現実

どの答えも、いい家の条件には違いありません。ただし、どれも絶対的な正解といえるものではありません。とはいえ、それは当たり前のことです。ほとんどの人にとって、家は一生に一度の買い物。家の購入については経験も予備知識ももたない素人だからです。

野菜や魚なら、スーパーへ通ううちに見分ける知識がついてきます。自動車を買うときには、スペックを分析したり実際に試乗したりして、比較検討の上で購入を決めるはずです。

家の買い方は、それとはまったく違います。豪華なパンフレットに載った美しい写真につられ、売り手の一方的な説明を信じ、建材の品質を確かめもせず、価格が適正かどうか判断する材料もないままに契約を交わし、何より大事な住み心地は、実際に住んでみるまでわからない。おそらく一生に一度の、そして人生で最高額の買い物をするというのに、これっておかしいと思いませんか？

私たちが問題だと感じているのも、まさにその点です。いまの家の売り方・買い方には、おかしな部分がたくさんあります。その最たるものが、売り手と買い手の間に、商品について大きな情報格差があることです。そのことに気づかないまま、高いお金を払って損するような家を買わされている人がたくさんいます。このおかしな現実に、まず気づいてほしいのです。

一戸建ての家は寒い？

ここで典型的なおかしな家の買い方をして後悔した人の実例を一つ紹介します。

Nさんは、都内有名私大を卒業して東証一部上場の商社に入社。順風満帆の人生を象徴するように、29歳で埼玉県内に分譲住宅を購入しました。最寄りの私鉄駅から徒歩10分の南向き。土地面積が160㎡で、建物面積が100㎡。2階には、1歳の息子のために子ども部屋も用意しました。購入価格は、35年ローンで約4500万円です。30歳を前に夢の一戸建てを手に入れ、Nさんは鼻高々。新婚の奥さんともども、ここを終の住み処とする予定でいたのです。

異変に気づいたのは、賃貸マンションに住んでいた親子3人が引っ越してきて、最初の冬。きっかけは、奥さんの「一戸建ての家って、寒いんだね」というひと言でした。扉はすべて閉め切っているはずなのに、隙間風を感じることもありました。就寝前には、寝室のドア下の隙間を段ボールで塞ぐのが、奥さんの日課になりました。

春になると、Nさんの花粉症が悪化しました。家の中にいて窓を閉めているのに、クシャミが止まらず、マスクが必須となったのです。梅雨の季節を迎え、息子にぜん息の症状が出たのを見たとき、2人はこの家に住み続けることを断念しました。

住みやすく値打ちのある家を建てるために

一生に一度の高い買い物をしたにもかかわらず、Nさん一家は幸せを手にすることができませんでした。そればかりか、ローンまで組んで手に入れた念願のマイホームをわずかな期間で手放して新たな住居を探さなければならなくなった挙句、健康被害まで受ける羽目に。家づくりに失敗したせいで、大きな損を被ったことは明白です。

そして、住み心地のいい家を新たに探すうち、たまたま弊社へいらっしゃいました。今度は失敗したくないと語る夫妻から聞いたのが、以上のいきさつというわけです。

「寒さ、隙間風、湿気は、一戸建ての特性だから仕方ない」と、2人は思い込んでいたそうです。昔の家なら、そんなこともあるかもしれません。しかしNさん夫妻が購入した新築の家は、テレビでCMを流しているほどのハウスメーカーが、最新の建築基準に基づいて最新の工法で施工した家です。なのに、なぜこんなことになってしまったのか。購入の際にどんな点に気をつけていれば、2人は大損をしなくてすんだのでしょうか。

言い換えれば、住宅にはそもそもどんな性能があって、いい家と悪い家の違いはどこにあるのか。住みやすく値打ちのある家を手に入れるために、知っておくべきポイントは何か。

この本では、必ずトクをする賢い家づくりの秘訣を説き明かしていきます。

02 なぜ日本には「いい家」がほとんどないのか

国土交通省が発表している「令和2年度　住宅経済関連データ」の中に、滅失された（壊された）住宅の建築後平均年数の比較が載っています。19ページに掲載したグラフの通り、イギリスは80・6年。アメリカは66・6年。これに対して日本の住宅は、たった38・2年にすぎません。

決して安い金額ではない住宅の利用期間が短いほど、一年あたりの建築費負担は大きくなります。解体すればさらに費用が発生するでしょう。欧米並みに住宅を長寿命化できれば、こうしたコストの負担は軽くなります。ストック型社会への転換に貢献することにもなり、環境面での効果も期待できます。

住宅ローンの支払いに追われ続ける日本人

家の寿命が38年というなら、一世代しか保たないばかりか、住宅ローンの標準的な返済期間である35年をわずかに上回る程度の長さです。つまり、ローンの支払いが終わったと思ったら間もなく建て替えのタイミングがやってくる。そして子どもの世代が家を建て直し、新しい家のローンを一から払い始める。

こんなおかしな話があるでしょうか。これでは、多くの日本人が住宅ローンに追われて一生を終えることになるのも、当たり前の話です。

ところが日本では、国が自ら住宅の法定耐用年数について、鉄筋コンクリート造は34年、木造は22年と設定しています。この年数に達した建物の価値はゼロだという意味です。

日本の住宅には、なぜ38年の寿命しかないのでしょうか。材料が木だからといわれれば、それは違います。奈良や京都に残る築千年を超える木造建築には、何世代にもわたる使用に耐えてきたものもあります。もちろん、建築技術のせいでもありません。

英・米と大きく異なる日本の住宅事情

イギリスやアメリカと比べると、日本の住宅事情は、建物の寿命が非常に短く（グラフ①）、中古住宅がほとんど流通していない（グラフ②）点が特徴的です。

【①日本の住宅の寿命は英・米の半分程度】

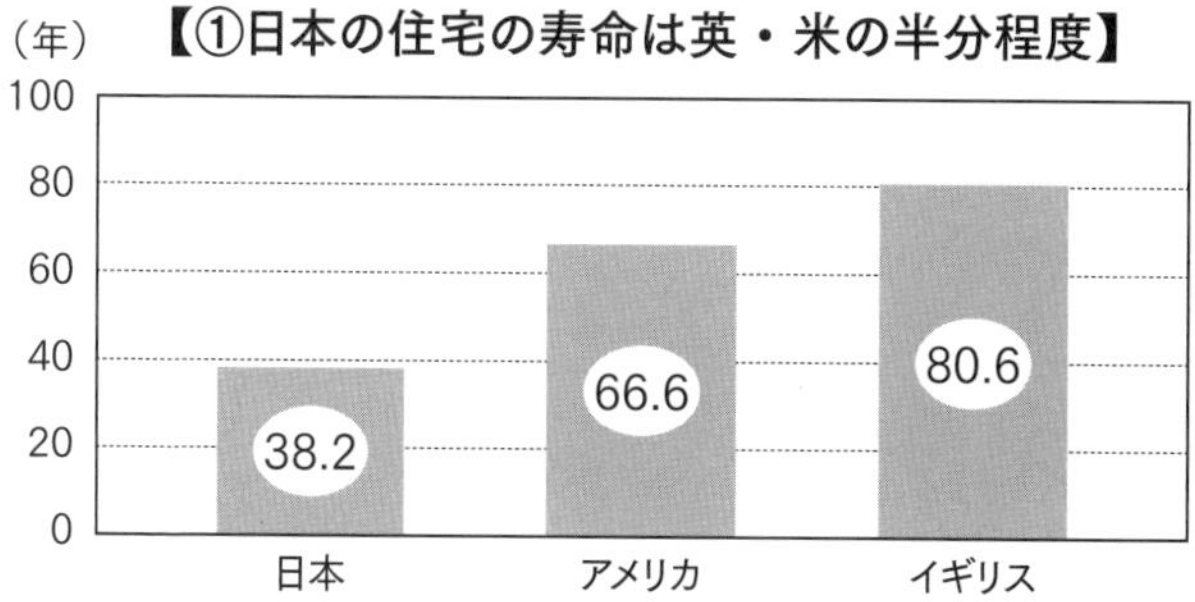

【②日本では中古住宅がほとんど流通していない】

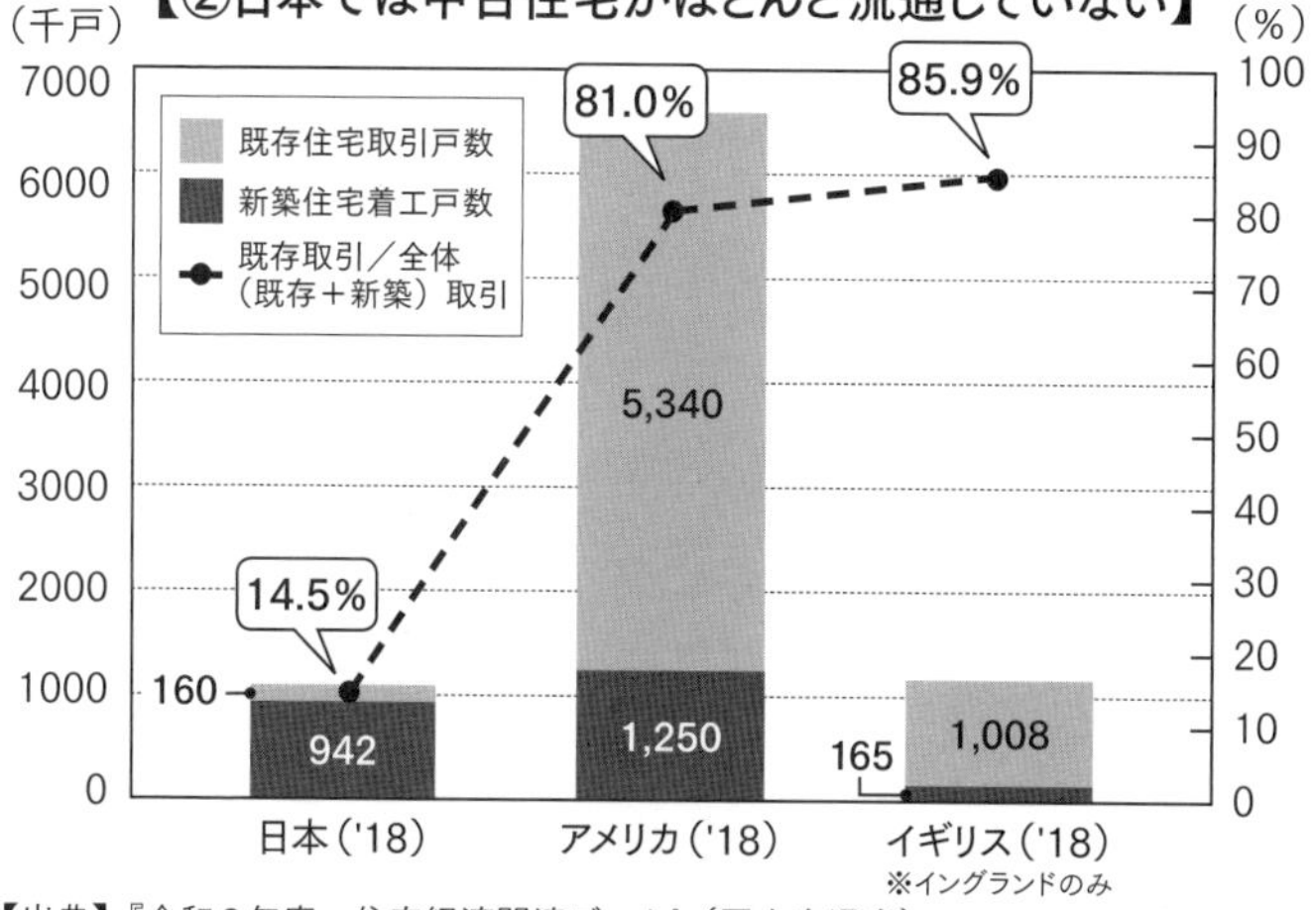

【出典】『令和２年度　住宅経済関連データ』（国土交通省）

ビルや高層マンションの建設で、世界トップクラスの技術を誇る日本です。住宅の建築技術だけがアメリカやイギリスに劣るはずはありません。

国の政策が住宅の寿命を短くした

寿命が短い大きな理由は、高度経済成長との関係にあります。昭和40年代、都会に人が集まり、通勤圏が郊外へ拡大するのにともなって、たくさんの住宅が必要になりました。団地と呼ばれるベッドタウンが大都市近郊のあちこちに造成され、集合住宅や分譲住宅が整備されました。個々の家の質よりも、大量供給が優先されたのです。金融機関の住宅ローンが整備されたのも、この時期でした。

都会に出てきた人たちの持ち家志向は、一気に高まりました。将来も上がり続けるであろう給料に期待し、ローンを組んで住宅購入に踏み切る人が続出したのです。

新しい家が建てば、家電や家具も売れます。当然、住宅産業全体は潤いますし、住宅市場の動きが経済全体の指標になっていることで明らかなように、住宅需要の喚起はいっそうの経済拡大につながります。そのため家の寿命は短いほうが、当時の国の政策としても都合がよかったのです。

日本で中古物件を選ぶ人が少ない理由

日本の住宅の寿命が短いもう一つの理由は、中古物件の売買数が少ないことです。前述した「令和2年度　住宅経済関連データ」は、年間の「新築住宅着工戸数」と「既存住宅取引戸数（つまり中古物件）」の国際比較も紹介しています。

アメリカは、新築着工が125万戸に対して、中古物件の売買は534万戸で、全体の81％を占めています。イギリスはもっと顕著で、新築着工が16万5000戸に対して、中古は100万8000戸。実に85・9％が中古物件です。

アメリカとイギリスでは圧倒的に中古物件の取引が多いのに比べ、日本では、新築着工が94万2000戸に対して、中古は16万戸。14・5％の割合でしかありません。つまり日本の住宅マーケットでは、常に新築物件が求められていることがわかります。

アメリカには、中古物件の価格が下がりすぎないように新築住宅の供給制限がある、という理由があります。それとともに日本では、特に戸建てについて、過去の図面もメンテナンスの履歴もないような、どんな人が建てて住んでいたかわからない家には住みたくないという気持ちが強いようです。建物自体も、長持ちするように建てられていません。住宅の寿命が38年と短い背景には、住む人が替わると、そのまま住める家でも壊して建て直すことを繰り返してきた事情もあるわけです。

しかしもはや、高度経済成長期ではありません。これから家を建てるなら、限りある資金を有効に使うためにも、住み心地に優れ、健康的な暮らしができ、なるべく長持ちする家を建てたほうがいいことは明らかです。その上で、価値ある資産として持ち続けること、財産としていずれ我が子に譲り渡すこと、あるいは高値で売却すること、なども念頭に置くべきでしょう。住み心地に優れ、長持ちする家の建て方については第2章で詳しく解説します。

03 間違った「金銭感覚」が家の質を大きく下げている

家の選び方と並んで難しいのが、購入価格の問題です。いい物を選んで安く買うのは、賢い消費者の基本。買う対象が何であろうと、その原則は変わりません。ただし家の購入がほかの買い物と違うのは、買ったときに払うお金がすべてではないということ。だからこそ、普通の商品を買うように、家を買ってはいけないのです。

住宅の購入に関して、かかる費用には2種類あります。まずはイニシャルコスト。つまり初期費用のことで、頭金とローンを合わせた住宅そのものの代金や、不動産取得税などの税金や手数料を含め、購入時にかかるすべての費用を指します。

二つ目がランニングコスト。その家を購入したあとに発生する、ローンの金利、毎日の光熱費、必要が生じた際にかかる修繕費など、住み続けることにともなう支払いのことです。

誰しも、住宅の購入を決めるときはイニシャルコストばかりに目がいき、ランニングコストにはなかなか注意が向かないものです。例えば、左の図は建材や工法まで指定した2000万円の家と1800万円の家の比較です。外見はどちらも立派ですが、実は断熱性・気密性は2000万円の家のほうが格段に優れています。そうはいっても、200万円の違いにつられて、1800万円のほうを選ぶ人も多いでしょう。購入を決める時点で、10年20年住み続けるにつれてどれだけの費用がかかるかと試算するのは、なかなか難しいものです。

家の品質がランニングコストを大きく左右する

しかしこの両者、住み続けるうちにランニングコストに大きな差が出てきます。冷暖房の効率は光熱費に直結するので、長い年月が経つうちに200万円のプラスマイナスは逆転し、はるかに大きな差額が生じていくはずです。

家の品質にばらつきがある、と普通は考えないものです。しかし品質の違いによって、ランニングコストには大きな差が出ます。冷暖房の効率次第で光熱費がかさみ、

住宅の価格比較は難しい

広告やチラシなどに表示された価格だけを比較しても、どの住宅が本当におトクなのか判断することはできません。

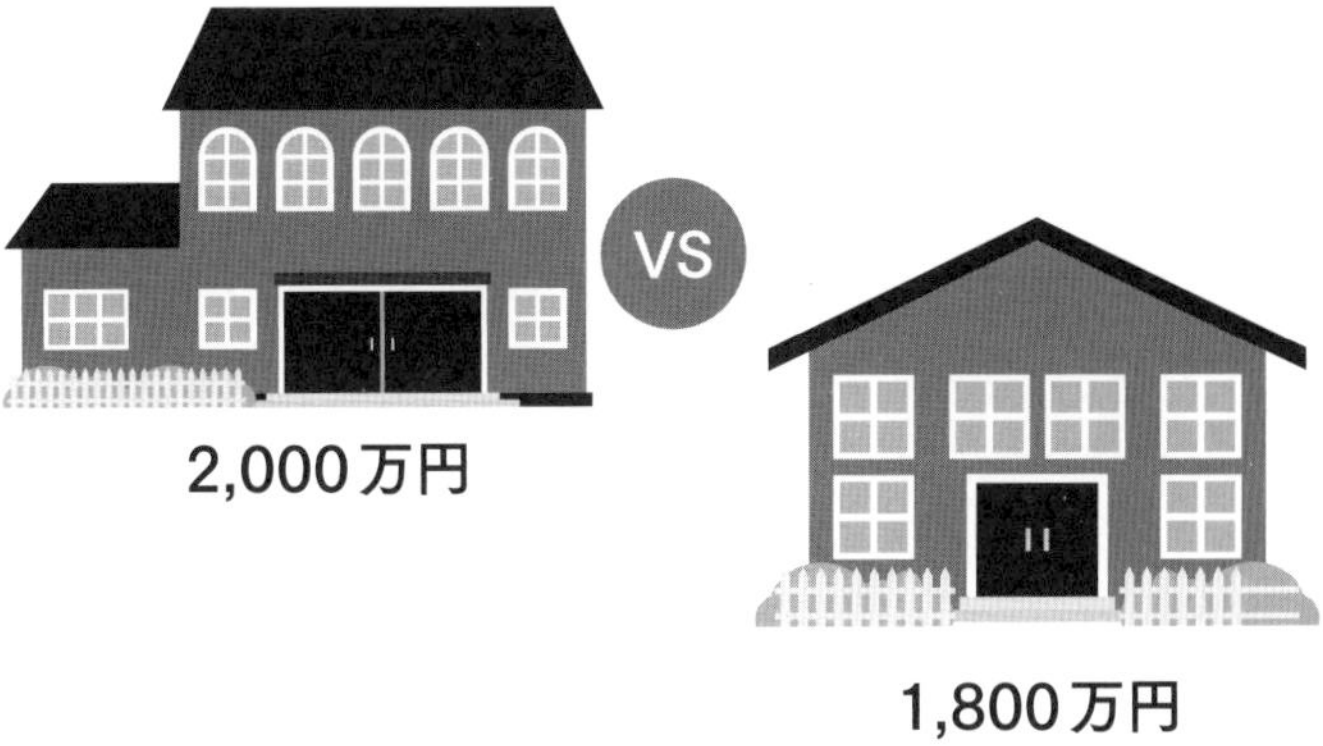

初期費用だけで比べることはできない！

メンテナンス費用、ランニングコスト、住宅ローン金利、補助金などを総合的に考える必要がある。

ワンポイントアドバイス 住宅会社がかけている4つのコストから、コスト感覚を見極める

●4つのコストとは……

材料費　手間賃　現場経費　販売経費

10年20年と住み続けるうち、ばかにならない差額が生じてきます。

建てるときに200万円余計にかけて省エネ性能を高めたとして、35年ローンで支払うとしたら、月々5000円程度の違いにすぎません。それによって節約できる光熱費のマイナス分を差し引けば、経済性においてはプラスマイナスの逆転が十分に考えられます。また、光熱費の基である資源価格は変動します。今後エネルギーコストが上がっていけば、この差はますます大きくなります。にもかかわらず、表面的なイニシャルコストにしか目を向けられない人が少なくありません。高断熱・高気密の家を選べば、経済的にも有利なだけでなく、快適性と健康を手に入れることができるというのに。

家選びにも車選びの視点を

自動車を購入する際に、たとえ初期の導入コストは高くても、燃費に優れたハイブリッド車や電気自動車を選択肢に入れることは一般的になってきました。長く乗れば、導入コストの差を埋めて結果的にトクすることができるかもしれません。住宅選びについても同じことがいえるのですが、あまりこの点が意識されることはないようです。イニシャルコストの差額が大きくみえるというよりは、先に述べたように消費者側に情報や知識が足りていないのが、大きな理由であると思われます。

一生に一度の買い物だから、一生の生活を考える

断熱性能を高めることが快適性を生むのはわかっても、健康にもつながるというと驚かれる人も多いかもしれません。でも、14ページで紹介したNさんの話で、Nさんの花粉症が悪化したように、実は両者には非常に深い関係があるのです。

例えば、冬にお風呂場などの寒い場所に入った途端、急激な温度差が脳梗塞、心筋梗塞などの深刻な健康被害を引き起こす「ヒートショック」の発生率は、住宅の省エネ性能と大きく関わっているのです。省エネ住宅と健康の関係については39ページで詳しく解説します。

強調したいのは、家を買うときには、長く住み続けて毎日暮らすことを想像して、

長期的な視点で見ることが大切だということです。数千万円の買い物をするのに、性能が不十分な家を建ててしまったり、いま10万円の出費を惜しんだ結果、将来健康を害してしまったりするとしたら、まさに本末転倒。ところが、建築段階において安くしてかまわないところと、費用をかけなければいけないところの違いを、間違えている人が多いのが現実です。それどころかイニシャルコスト意識の高い人ほど、「安物買いの銭失い」になりがちなほどです。

イニシャルコストの差よりもランニングコストの差のほうがはるかに大きいのですから、長く住み続けることを考えてランニングコストに目を向け、これを安く抑える工夫が大切です。一生に一度の買い物なら、一生の生活を考えて買う。これは住宅の上手な購入方法の基本中の基本です。

04

家づくりは「商品」ではなく「サービス」を買うと意識する

家を建てるには、かつては注文住宅しかありませんでした。予算や工法、使う建材や間取りなど、工務店や大工さんと相談しながら一つひとつ決めていたのです。前述した通り分譲住宅の大量の需要が生じた高度経済成長期に、完成した状態で売られる建売住宅が増えました。購入者は建築のプロセスを知ることなく、車や家電、衣類などの商品とまったく同じように、完成後の姿だけ見て売買契約を交わすようになったのです。そこには、スーパーで食べ物を買うのと同じように、ちゃんとしたプロがきちんとつくったものだろうという暗黙の信頼があります。

しかし、そうした消費者の信頼が裏切られることは少なくありません。

2015年、基礎工事の一つである杭打ちの大規模なデータ偽装が発覚し、同様の問題が全国のマンションや学校に広がりました。事件の発端となった横浜市の高級分譲マンションは、施工が三井住友建設。一次下請けは日立ハイテクノロジーズ（当時）で、実際に工事をしたのは二次下請けの旭化成建材。この3社は、業務改善命令などの行政処分を受けました。いずれも大手企業グループに属する業者です。マンションの売り主は三井不動産レジデンシャルでした。

その後も、住友不動産と西松建設（2019年竣工）、野村不動産と清水建設（2020年竣工）という、それぞれ大手有名企業の組み合わせが手がけた高級タワーマンションにおいても、重大な欠陥を指摘される事案が報道されています。

住宅購入ではブランドを過信してはいけない

これらマンションを買った人たちには、有名な会社が建てて有名な会社が売った物件だという安心感があったに違いありません。その分、裏切られた思いも強いことでしょう。消費者は普通、どんな商品であっても有名ブランドが手がけたもののほうが高品質だと思うものです。しかし家を買うときに限っては、そんな思い込みを捨てなければいけません。左ページの表のように、家は建て方によって5つの種類に分けら

持ち家には5つの種類がある

ひと口に「戸建住宅」といっても、その種類は多岐にわたります。何を重視するかによって、選ぶべき種類も変わってきます。

種類	主な購入者層
分譲戸建て住宅 ➡	簡便性志向の人
ハウスメーカー ➡	ブランド志向の人
工務店ローコスト住宅 ➡	初期費用優先志向の人
工務店自由設計 ➡	こだわりとコストの バランス志向の人
設計事務所オーダー住宅 ➡	徹底的な こだわり志向の人

れます。スーツを買うのに、既製服もあれば、生地から選んで採寸した通りに仕立てるオーダーメイドの高級服もあるのと同じです。

分譲住宅やハウスメーカーの建売住宅を買うときは、完成している物件を見に行って、間取りや壁紙の色や生活動線が気に入るか程度の検討で契約に至るケースがよく見受けられます。建材や工法といったその家の品質は十分に吟味せず、テレビでＣＭをよく目にするといった知名度や、大手ハウスメーカーというブランドの安心感を買うわけです。

住宅会社は〝技術〟で選ぶ

しかし、知名度やブランドを優先して住宅会社を選ぶ背景には、多くの消費者が技術的な基準で選択することができないという実情があることも事実です。だからこそ、私たちは「賢い家づくり勉強会」を通じて、技術的な基準で住宅会社を選ぶことができるヒントを消費者に啓蒙し続けているのです。

スーツを買う例えに戻れば、有名ブランドでなくても、腕の確かな仕立て屋さんが街にはたくさんいます。家を建てる工務店も同じで、無名でも規模が小さくても、優れた技術をもつ業者はたくさんいます。そして、住宅業界では大手といっても全国シェアは3割弱にすぎません。住宅購入者の8割近くは中小の住宅会社に依頼することになります。ということは、消費者自身も技術的な基準、いわば「見る目」を持たなければ、ほとんどの人は「いい家」を手に入れることができないのです。

ブランド料よりも性能にお金をかける

完成した家は、どこの誰が建てたものか区別はつきません。大手ハウスメーカーの家に住んでいることがステータスになるわけではないのです。ブランド物の高級バッグを買って持ち歩くのとは、そこが違います。それならばブランド料に払うお金を、省エネのための設備など、家の性能をグレードアップさせる費用に回すべきです。

ただし、高性能な家を建築するには、それを実現できる技術をもった住宅会社に依頼する必要があります。住宅会社選びは、イコール損をしない家づくりといっていいほど大切なのです。

住宅会社の技術力は、すなわち顧客に提供できるサービスの質です。どんなジャンルの業種であってもサービスの良し悪しは実際に利用してみないとわかりづらい側面があり、そのことが住宅会社選びを難しくしています。そこで、よい住宅会社の見分け方について第4章で詳しく解説しています。

東日本大震災のあと、地震に対する日本人の意識は高くなりました。新しく家を建てようとする人は、必ず耐震性を気にします。では、耐震性以外はどうでしょうか？ 家には断熱性、気密性、換気という重要な性能があります。しかしそこに注目する人は徐々に増えてはきたものの、知識が不十分な人も多いというのが現状です。

消費者自身が、家の性能に関する知識を身につけることが、適切な住宅会社選びに直結します。一生に一度の勉強だと思って、わからない部分は質問し、不安な部分は確認できるだけの知識を身につけましょう。

住宅会社任せにしたり、知らないままや曖昧なままで損をするのは、自分と自分の家族です。面倒がらずに多少の手間をかけ、ちょっとした気づきと質問力を高めるだけで、快適な住まいが手に入るのです。

05

マイホームがあれば、老後の生活も安泰？

先に、アメリカやイギリスの住宅と日本の住宅では、ライフサイクルに大きな違いがあることを紹介しました。この両国では、中古物件が活発に売り買いされているデータも紹介しました。中古物件の人気がある理由の一つに、市場での価格が下がらないことが挙げられます。つまり英米の家は、持ち主にとって財産となっているのです。

「彼らの家は石やコンクリートでできているからでは？」と思われるかもしれませんが、そんなことはありません。欧米でも、一般的な住宅は木造建築です。それでもアメリカなどでは、何世代にもわたって住み続けているような築１００年以上の木造住宅も少なくありません。日本に置き換えると明治時代に建てられた家に、普通の人が住み、いまでも高い資産価値を維持しているということです。

これに対して、日本の木造住宅はどうでしょう。30年しか保たないのでは、家電製品と同じような耐久消費財にすぎません。したがってほとんどの家が、資産価値を生みません。

日本とアメリカやイギリスの違いはどこにあるかといえば、日本の木造住宅は建築時の「造り込みが甘い」ために経年劣化が激しいこと。そのため、完成した瞬間から値打ちを失い始め、しかも定期的な手入れも怠りがちなので、資産としての価値は長く住むほどゼロに近づいていくのです。つまり、日本ではマイホームは老後の生活の安定を保証する資産にはならないといわざるを得ません。一方、英米ではメンテナンスを欠かさず行い、価値の維持に努めています。

「いい家」とは「資産価値の高い家」

そろそろ、この章の冒頭で提示した「いい家とは何か」という謎かけの正解を明かしましょう。いろいろな考え方があるでしょうが、私たちは「資産価値の高い家」こそ「いい家」の定義だと考えています。

では「資産価値の高い家」とはどんな家かといえば、「建てたときの価値と住み心地をそのまま維持できる家」です。その条件は、以下の3点だといえます。

①家の将来価値を決定する耐久性と耐震性があること

東北や九州の巨大地震を目の当たりにしたことで、日本人の耐震性に対する意識は高まりました。耐震性が低い家は、世代を超えて住み継ぐことが叶わないかもしれません。資産価値を問う以前の問題です。

②家の現在価値を決定するデザインと性能があること

時間が経っても古びないデザインがもたらす使い勝手のよさと愛着、そして住みやすさを追求した性能を兼ね備えている家であることが大切です。高性能な住宅に住むことで、夏は涼しく冬は暖かい快適な生活ができ、また、家族の健康にも寄与します。さらに冷暖房費を安く抑える省エネ性能は欠かせません。

③家の将来価値を残すためのメンテナンス費用が抑えられること

家の性能を長く維持するには、適切なメンテナンスが不可欠です。しかし大規模なリフォームを必要とするなど、コストがかかりすぎては本末転倒。建てるときから、将来のメンテナンスを見越したつくりにしておく配慮が肝心です。

決して小さな金額とはいえない家づくりにかかるお金。せっかく出すなら、長持ちして、快適に生活でき、資産にもなる家を建てるほうがいいに決まっています。それは、老後の生活の安心にもつながります。

でも、ほとんどの人にとって、家づくりにかけられる予算には上限があります。長持ちして快適で資産になる家を手に入れるためなら、いくらでもお金をかけられるというわけではありません。だからこそなるべくコストを抑えながら、品質が高く住み心地のいい家を追求することに、家づくりの醍醐味があるのです。それは現在の日本においても、十分可能です。

06 トクする家を建てるために欠かせない三つの要素

いい家の条件とは、資産価値が高いこと。資産価値の高い家とは、耐久性とデザインに優れ、省エネ性能が高く、メンテナンスが最小限で済む家のことです。

これらの条件の中で最も重視したいのは省エネ性能、さらに細かくいえば、断熱性、気密性、換気の性能に優れていること。この三つを備えている家は、必ず快適な住み心地をもたらしてくれるだけでなく、耐久性とメンテナンス性にも優れます。

夢のマイホーム購入に失敗し、大損したばかりか家族の健康まで損ねてしまったNさんのケースを思い出してください。

隙間風が入ったり、室内が何となく寒く感じたりするのは、Nさんの家が断熱性と気密性に欠けるからです。閉め切った部屋にいるのに花粉症の症状がひどいのは、気密性に欠けるために外気が入ってくるのが理由です。ぜん息の症状は湿気のせいで、それは断熱性、気密性、換気の性能がいずれも低いからだと考えられます。

つまりNさんの家は、いい家と真逆の条件ばかり。こんな家を建てて売った住宅会社が悪いのは当然ですが、住み始めるまでそのことに気づかなかったのは、Nさん自身が勉強不足だったということです。

断熱性、気密性、換気に優れた家が「いい家」

断熱性の高い家では、室温が外気温の影響を受ける程度が小さくなります。住宅は、屋根・外壁・窓を通して室内と室外の間で熱の交換が起こりますが、優れた断熱材を使うことで、それを防ぐことができます。その結果、冷暖房の効率がよくなり、夏は涼しく冬は暖かく過ごせます。

気密性の高い家では、家の中の空気と外の空気が厳重に遮断されています。そのため隙間風を感じることはまずありませんし、室温への外気温の影響も小さく抑えることができます。したがって、冷暖房の効率がいいわけです。防音性にも優れています。

「気密性が高ければ、うっとうしい結露に悩まされるのでは?」と心配になるでしょうが、杞憂にすぎません。むしろ逆です。その理由は、83ページで説明します。

新型コロナウイルスの影響でにわかに注目されているのが、換気性能です。ウイルスを排除するために、電車などの公共交通機関だけでなく、一般のオフィスや住宅においても、頻繁に換気することが推奨されています。「換気の大切さは理解できるけど、気密性と矛盾するのでは？」と思われがちですが、そうではありません。汚れた空気を排出するために、換気は不可欠なのです。その詳しい仕組みは、90ページをご覧ください。

部屋の温度差は生命にも関わる

断熱性、気密性、換気の性能が劣る家は、資産価値が下がるだけではありません。住む人の健康に影響が及ぶという実害が生まれます。その代表が27ページでもお話しした「ヒートショック」です。43ページの図のように、交通事故の死者数の5倍近い人たちが、住む家によって命を奪われている現実があるのです。

ヒートショックとは、冬場に暖かい部屋から寒い部屋へ移動したときなど、急激な温度差によって生じる健康被害です。

温度差によって血管が収縮したり血圧が上がるので、脈拍が速くなったり心臓に負担がかかります。その結果、不整脈や心筋梗塞を起こし、死に至ることがあります。特に12月から2月にかけて、居室との温度差が大きい脱衣所や浴室内で、高齢者に多発します。

冬に起こる現象として、「コールドドラフト」もあります。暖房時に起こる冷たい空気の流れのことです。温められた空気が窓や壁で外気によって冷やされて冷気に替わり、室内に温度差を起こします。暖房をつけているのに足元だけ寒い、といった現象で、冷え性を悪化させるだけでなく、脳溢血につながるケースもあります。

高性能な住宅は財布にもやさしい

ヒートショックやコールドドラフトをなくすには、浴室と脱衣所の温度差だけでなく、玄関や廊下も含め、家中の室温をすべて均一にしなければなりません。大半の既存の住宅でこれを実現しようとすると、断熱性能の不足から膨大な額の光熱費

家庭内事故での死者は交通事故の5倍近くに達する

家庭内での死亡事故の大半を占めるのがヒートショック。さらにはコールドドラフトにも用心しておきたいものです。

ヒートショックとは、急激な温度差が体に及ぼす影響。血圧が上がり脈拍が速くなったり、心臓に負担がかかる。

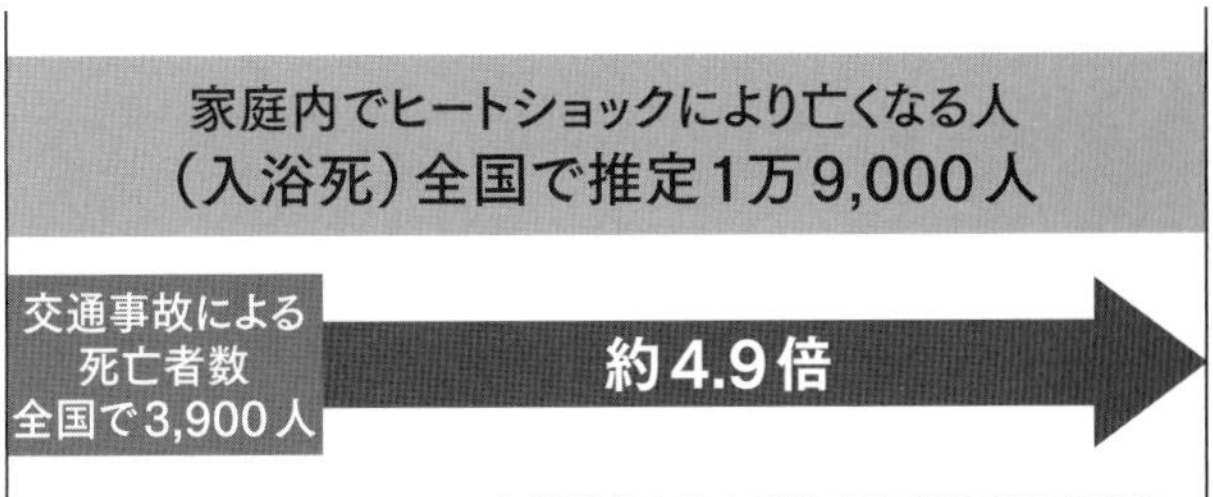

2016年消費者庁発表資料 厚生労働省研究班調べ

コールドドラフトとは、窓ガラスの室内側表面が外気によって冷やされ、冷気が下降気流を起こすこと。室内の空気が冷え、健康に悪影響を及ぼす。

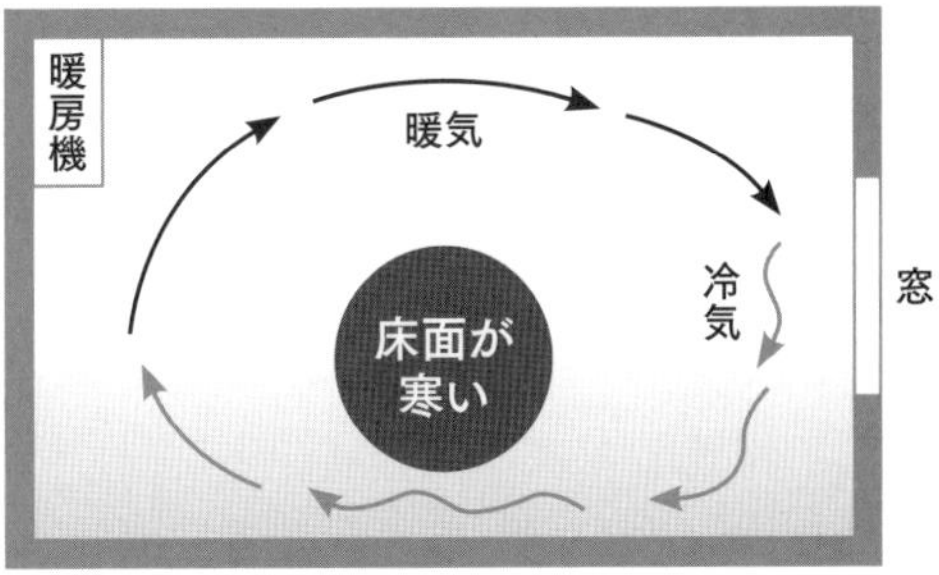

が必要になります。かといって断熱性能を上げるためにリフォーム工事をして断熱材をすべて交換するとなると、壁をすべて剥がしてやり直さなければなりませんから、1000万円台の費用がかかります。だからこそ、家を建てるときに断熱性能を高める対策をとっておくべきなのです。建築時であれば費用も100万円程度のプラスですみます。それで省エネ性能は高まり、光熱費も大きな節約になるのです。

老朽化のために建て替える際、断熱性、気密性、換気に配慮した構造の住宅に替えたお宅があります。建て直す前は、人がいる部屋だけ暖房をつけていましたが、冬の電気代は月に6万円から7万円ほどかかっていたそうです。ところが建て直したあとは、冬の間24時間ずっと家中の暖房をつけっぱなしでも、月の電気代は8000円程度に収まるようになりました。家の性能がランニングコストに多大な影響を与える一例です。

次の2章は、性能の高い家に住むとどれほど健康的に暮らせるかという話から始めましょう。

第2章

トクする家づくりは住む人にやさしい環境づくりから

家の性能が住む人の健康を左右する。そう言うと驚かれるでしょうが、実際に高性能な家に住むことによって疾病率が大きく変わるという統計があります。初期費用を惜しんで安い家を買い、健康を害してしまっては経済的にも大きな損失。家の性能には十分な投資をしておきたいものです。本章では家の性能面で重視すべき観点について解説します。

07

健康な暮らしができるかどうかは家の環境で決まる

慶應義塾大学理工学部の伊香賀俊治教授は、建築環境工学が専門で『健康維持増進住宅のすすめ』（大成出版社）などの本を書いています。その伊香賀教授たちのグループが、住宅の断熱性能と住む人の健康状態の関係を調べて、「健康維持がもたらす間接的便益（NEB）を考慮した住宅断熱の投資評価」という調査報告を発表しました。断熱性能の低い家から高い家へ引っ越した人、およそ1万人の健康状態を追跡調査したものです。

その結果は、左の表の通り。いろいろな病気に関して、驚くべき数値が並んでいます。直接の関係が連想できるアレルギー性鼻炎（花粉症）やアトピー性皮膚炎、気管支ぜん息だけでなく、糖尿病の人まで症状が改善されたというのです。

この調査でいう「断熱性能の高い家」とは、平成11年の省エネ基準に基づいていま

高性能な住宅は住む人の健康も改善させる

断熱性能の低い家から高い家へ引っ越した人、およそ1万人の健康状態を追跡調査したところ、各種疾病にかかっている人の割合が下がっていることが判明しています。

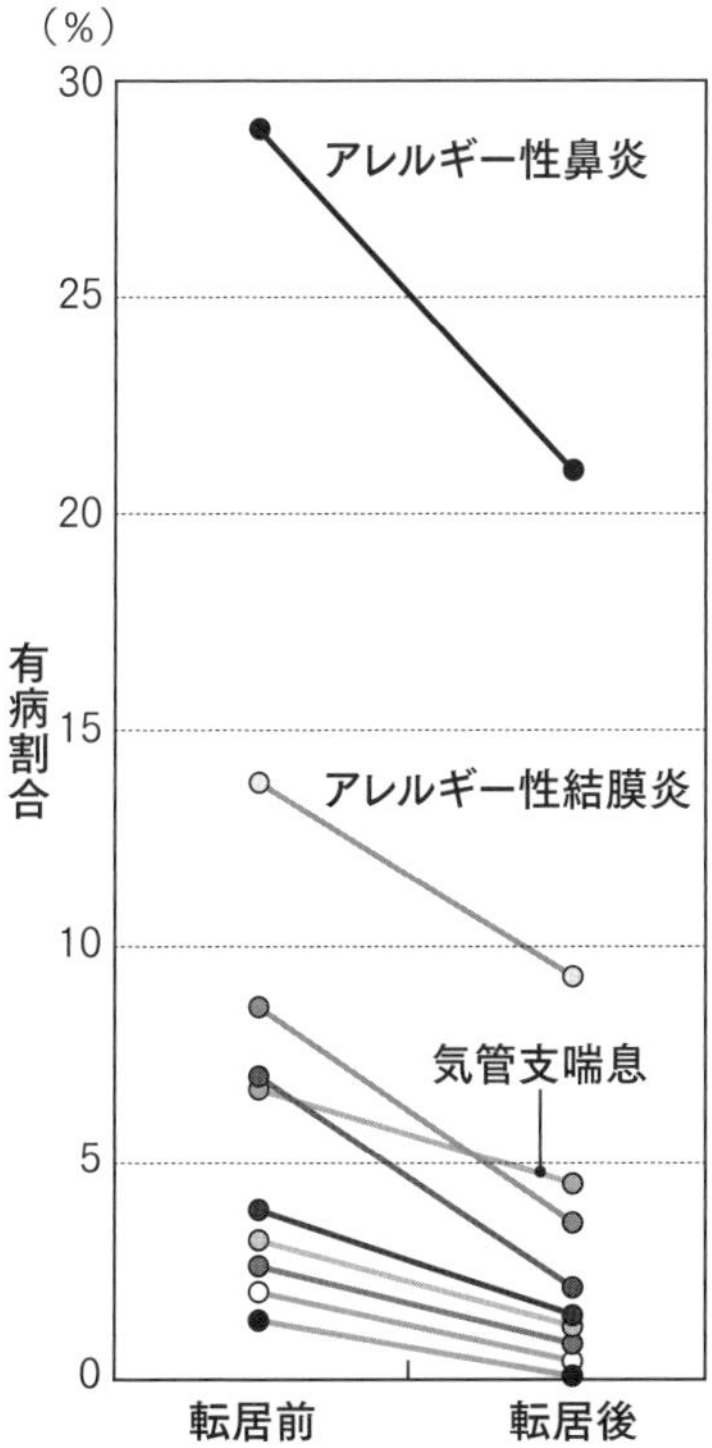

疾病	有病割合（%）	
	転居前	転居後
アレルギー性鼻炎	28.9	21.0
アレルギー性結膜炎	13.8	9.3
高血圧性疾患	8.6	3.6
アトピー性皮膚炎	7.0	2.1
気管支喘息	6.7	4.5
関節炎	3.9	1.3
肺炎	3.2	1.2
糖尿病	2.6	0.8
心疾患	2.0	0.4
脳血管疾患	1.4	0.2

n＝10,257人

【出典】『伊香賀俊治、江口里佳、村上周三、岩前篤、星旦二ほか：健康維持がもたらす間接的便益（NEB）を考慮した住宅断熱の投資評価』（日本建築学会環境系論文集）

すから、現在よりかなり緩いものです。それでも、住む人の健康状態を大幅に改善してくれることがわかります。断熱性能の高い家は、光熱費などのランニングコストを減らすだけでなく、医療費の節減効果ももたらすことがわかります。これだけ顕著な結果が出ているのですから、断熱性能を高めるためのコストに厚生労働省（厚労省）が何らかの支援をしてもいいのではないかとすら思えるくらいです。

WHO（世界保健機関）が定める室温は18℃以上

WHOの「住まいと健康に関するガイドライン」では、室内温度を18℃以上に保つことを強く勧告しています。高齢者や慢性疾患患者が居住する場合は、こうした人たちを低温による健康被害から守るため、さらに高い室温が必要となる場合もあるそうです。また、イギリス公衆衛生庁は、温度と健康の相関に言及し、低温の室内で生活することは健康リスクがあると報告しています。

そのイギリスは家の資産価値が高いことでも知られていますが、住宅法という法律で冬場の室温が18℃以下に下がる家を建ててはいけない、と定められています。理由は、人間の健康に害が出るから。そんな家を建てたら、回収・閉鎖・解体命令が下るか、断熱工事をやり直しです。

イギリスの首都ロンドンは北緯51度で、札幌より北に位置します。年間平均気温は11℃ですから、室温15℃程度だとしても冬の外気に比べればかなり暖かいはずです。それでも住宅先進国であるイギリスの考え方としては、冬に野宿するのが危険なのと同じように、室温が18℃以下に下がるような家で国民を生活させてはいけない、ということなのです。

日本とイギリスの住環境に対する意識は、なぜこうも違うのか？

一方、日本の住宅はどうでしょうか？　暖房が効いている部屋ならそれくらいあるでしょうが、それ以外の部屋の温度は外より多少はマシ、という家も少なくないはず。それでも厚労省には住宅の室温改善に向けて何かアクションを起こすというような兆候は見られません。

こうした住宅環境に対する日本とイギリスの意識の差がどこにあるかというと、住宅法の起源にさかのぼります。もともとイギリスの住宅法は、19世紀の産業革命のあと、ロンドンの町中に煤煙を出す工場がたくさん建設され、過密で劣悪な住環境の中で、ペストが流行るなど健康被害が問題視されたときに定められた法律です。人間が暮らす住宅の環境かくあるべし、という規定がイギリス住宅法のポリシーなので、暮らす人の健康や福祉を高めていくことを意識した内容になっています。

理想は部屋も廊下も脱衣所も同じ温度の家

省エネにおいて世界最先端国の一つであるドイツは、1970年代から住宅建築時における断熱基準の義務化を始めました。ひとたび義務化のラインを引くと、その基準を上回る断熱性能の家が建ち始め、エネルギー消費量の全体の平均値が下がります。そこで数年後、より厳しい次の義務化基準を出す。また平均値が下がり、という基準の厳格化を、ドイツは5段階くらい繰り返しています。

日本では、部屋も廊下も脱衣所も同じ温度の家など現実的ではないと感じる読者も多いと思いますが、イギリスやドイツではすでに実現しているということです。

北海道でヒートショックが少ないワケ

また、日本でも厳しく長い冬をすごす北海道では、イギリスやドイツ的な高断熱の住宅づくりの考え方が根付いています。

先ほどご紹介した、慶應義塾大学理工学部の伊香賀俊治教授の研究により、冬場の室内で脳血管疾患や心疾患などで死亡する確率は、北海道ではほかの都府県と比べて明らかに低いことが判明しています。厳しい冬を乗り越えるため、断熱性を高め、家全体でしっかりと温度管理がされている住宅が多いため、ヒートショックが起こりにくいことが、その原因の一つと考えられます。

家族の健康を守るためにも、断熱と室内の温度管理を厳密にするのは、当然のことなのです。従来の日本人の感覚こそ、変えていくべきだと考えます。

08

省エネ基準は「いま」ではなく「将来」を見据える

さて日本では、国土交通省（国交省）が、冷暖房や照明に必要なエネルギーを一定水準以下の消費量に抑える新たな省エネ基準を設定したのが、2011年のこと。左の表で示したように、現在は2030年に新築住宅の平均が「ネット・ゼロ・エネルギー・ハウス（ZEH）」になることを目指す工程に取りかかったところです。太陽光などの再生可能エネルギーで光熱費をまかない、一次エネルギーの消費をおおむねゼロにしようというのです。

さらにそのあとは、建設時、運用（居住）時、廃棄時の各段階でできるだけ省CO_2に取り組み、さらにトータルでCO_2の収支をマイナスにする「ライフサイクルカーボンマイナス住宅（LCCM住宅）」への切り替えが検討されています。

2020年10月、当時の菅義偉総理大臣が「2050年までに、温室効果ガスの排

今後さらに高まっていく住宅の省エネ性能

「2050年までに温室効果ガスの排出量をゼロにし、カーボンニュートラルを達成」という政府の目標実現のため、住宅の省エネ性能もより高まっていくはずです。

低炭素住宅認定	2012年12月4日 にCO_2排出抑制を目的に施行。改正省エネ基準より10％省エネの誘導水準レベルで認定される。

↓

省エネ基準の改正	2013年10月1日から施行。従来は外皮性能のみの評価だったが、一次エネルギー消費量を指標として評価するように改正。

↓

省エネ義務化	2025年、すべての新築住宅で省エネが義務化されることが、2021年5月に国交省有識者会議で合意された。

↓

ゼロ・エネルギー住宅	一次エネルギー消費量が正味ゼロ、もしくはおおむねゼロとなる住宅。2030年、新築住宅の平均でZEHを実現することが国の目標。

↓

ライフサイクルカーボンマイナス住宅	住宅建設時のCO_2排出量も含め、生涯でのCO_2収支をマイナスにする住宅。

出を全体としてゼロにする、すなわち2050年カーボンニュートラル、脱炭素社会の実現を目指す」ことを宣言しており、政府の目標実現のため、住宅の省エネ性能もより高まっていくことが想定されます。

将来の家計のためにも省エネへの先行投資を

ドイツは2011年に日本で発生した福島第一原発の事故のあと、17基あった原発を2022年末までに全廃すると決めて動き始めました。その結果、電気代が上がっています。日本もこの先、原発が大流行することにはならないでしょう。原発を止めて火力発電に回帰すれば、コストは上がります。さらに原油価格が高くなれば、家庭の電気代はいまの2倍から3倍になるかもしれません。

毎月1万5000円の光熱費がかかっているとして、もし電気代が3倍の世の中になったら、毎月4万5000円になります。「そんな金額、とても払い続けられない」という人がほとんどではないでしょうか。だから国の方針としては、「月に5000円しかかからない家を建てましょう。そうしたら、電気代が3倍になっても1万5000円じゃないですか。それが国民の生活を守ることです」というのです。

家を新築してローンを組むとき、毎月5000円の違いは大きな金額です。しかし、いずれ膨れ上がる可能性のある電気代に考えを巡らせれば、省エネ効果を高めるために先行投資をすべきです。長い目で見れば、家計にやさしいのは明らかにこちらです。

住宅会社の無知が住宅オーナーに損害をもたらす

おかしなことに、現在売られている新築住宅の大半は、2030年のZEH基準を満たしていません。そうした家を、もし数年後に売ろうとしたら、びっくりするくらい安い値段がつけられるはずです。それほど資産価値が低い住宅が、新しく建てられて売られています。これはどうしたことでしょうか。

ちなみに、この現行の省エネ基準は「義務化」とはうたわれているものの、それはあくまで「努力義務」。建築確認申請の際の「届出義務」がないという状況が長らく続いており、ようやく2021年4月に「説明義務化」が開始されました。その背景にあったのは、中小工務店や建築士の技能不足です。一般社団法人リビングアメニティ協会が、住宅瑕疵担保責任保険登録者のうち、住宅の設計または施工を請け負う住宅生産者を対象に2018年に行ったインターネット調査によると、中小工務店で一次エネルギー消費量の計算ができるのは50・5%、外皮計算ができるのは53・8%に過ぎません。また、公益社団法人日本建築士会連合会が2017年度に確認済証を受けた300㎡未満の住宅を設計した建築士事務所を対象に行ったアンケート調査（2018年）によると、一次エネルギー消費量が計算できると回答した建築士は50%、外皮計算ができると回答した建築士は51・3%でした。つまり、住宅会社の知識不足が住宅オーナーに損害をもたらしていたわけです。

現在の新築物件の多くが数年後に資産価値ゼロになる

1981年に、耐震基準が大きく変わりました。中古マンションの市場では、旧耐震基準で建てられたマンションというだけで、値段が大きく下がります。それと同じように、ZEHを満たしていない家は、2030年になれば値段は下落する可能性があるといっていいでしょう。新しい基準が浸透したらより厳しい基準に引き上げるのが、日本の省エネ推進法です。現在のルールに合わせて建てても、数年後にルールが変われば、古いルールにしか適合していない古い家になってしまいます。

2020年10月の臨時国会での所信表明演説にて、当時の菅義偉総理大臣は、2050年までに温室効果ガスの排出量を全体としてゼロにし、カーボンニュートラルを実現する旨を宣言しました。住宅に関する省エネ基準は、今後さらに厳しくなる可能性もあります。むしろ将来の厳しいルールを先取りし、より厳しい基準を満たせる家を建てておくほうが、高い資産価値を長く得続けられることになります。

ルールを先取りすることで増加する初期費用だけで考えず、暮らし始めてからのランニングコストも合わせて考えるトータルコスト発想が大事です。その結果、より厳しい省エネ基準で建てられた家だからこそ、資産価値が長く保たれるだけでなく、住み心地はより快適で、より健康的な生活を送ることができるのです。

いずれにしても、現行の省エネ基準さえまっとうに考えていない住宅会社は、それだけで依頼するに値しません。その先の、まだ義務化になっていないゼロ・エネルギー住宅を見据えている住宅会社に建ててもらいたいものです。

09

その「ゼロ・エネルギー住宅」、本当に環境にやさしいですか？

ここでは将来の省エネ基準を見越した家づくりをすることの重要性を過去の事例をもとに考えてみます。

2011年に新たな省エネ基準が設定される前は、2009年に施行された「長期優良住宅」が住宅建築の指針でした。日本の住宅はこれによって初めて、耐久消費財から資産の方向へ舵を切ったのです。

「長期優良住宅」として認められる性能項目は、以下の9点とされていました。

①劣化対策、②耐震性、③維持管理・更新の容易性、④可変性、⑤バリアフリー性、⑥省エネルギー性、⑦居住環境、⑧住戸面積、⑨維持保全計画。

住宅性能表示制度に則り、それぞれの項目について等級が定められました。そして長期優良住宅の認定を受けると、税金が減免されたり、住宅ローンのレートが緩和されたりするなどの恩恵が受けられます。

認定してもらうためには施主がお金を払ってエントリーする必要があるのですが、手続きが煩雑で費用も高い。結局はハウスメーカーが代行する場合がほとんどでした。1800万円で売れる家に1900万円の値段をつけ、実際には100万円を申請費用に充てるようなケースもあったといいます。

各項目に設けられた等級の数値は、当時でさえ世界最低レベルといわれたほど緩いものでした。いまではさらに時代遅れになっています。

ネット・ゼロ・エネルギー・ハウスの三つの条件

ネット・ゼロ・エネルギー・ハウスについては52、53ページでも触れていますが、その定義は、住居の断熱性を高め、省エネ性能をよくし、太陽光発電などでエネルギーをつくり出し、年間の一次エネルギー消費量（空調・給湯・照明・換気など）の収支をプラスマイナスゼロ、またはプラスにする住宅のことです。

具体的にいえば、内部の熱を逃がしたり外から取り込んだりしない建物自体の断熱性能と、少ないエネルギーで効率的に冷暖房を行うシステムと、太陽光発電などのエネルギー創出の三つです。

以前は、太陽光パネル発電に力を入れているだけの住宅もゼロ・エネ住宅と称することができました。しかし２０１５年12月に経済産業省（経産省）が新しい定義を打ち出し、断熱性・省エネ性能・エネルギー創出の三つのバランスが取れていないと、ゼロ・エネ住宅と呼べないことになりました。太陽光発電で創出したエネルギーを、高い断熱性で有効に活用できる省エネ性能を備えた住宅が、これからのスタンダードとなっていくはずです。

10

住宅の価値は、性能を表す数値に注目することで見極められる

「家を見ても、素人には性能の優劣は見分けられない」

そう思っている人は多いのではないでしょうか。実は、その家がいい家かどうか、誰もがひと目で見分けることができる数値があります。それが、ＵＡ値（外皮平均熱貫流率）です。以下、解説していきます。

ＵＡ値（外皮平均熱貫流率）からは断熱性能がわかります。

住宅には、熱の出入り口があります。外壁、窓、天井と屋根、床と基礎です。夏は高温の外気や、直射日光で熱くなった外壁や窓から、住宅の中へ熱が伝わります。室内の涼しい空気が外に逃げていくわけです。冬は逆に、暖房で温めた内部の熱が外へ逃げていきます。その損失量の合計を建物の外皮面積で割った数値が、ＵＡ値です。

UA値は値が小さければ小さいほど、住宅の保温性能が高く、熱が逃げにくいことを示します。つまり断熱性能が高く、エネルギー効率がいいわけです。反対に断熱性の低い家は、エネルギーのロスが大きく、光熱費がかさんでしまうことはいうまでもないでしょう。

この説明を読まれて気づかれた人もいるかもしれませんが、UA値は実測値ではなく、あくまで机上の計算で算出される理論値です。

日本の気候は地域によって大きな差があるので、UA値の省エネ基準は地域ごとに異なり、8地域で設定されています。寒い地域に建てる家ほど、厳しい基準が課せられているのです。

住宅会社に行ったらUA値の確認を

UA値は住宅の省エネ基準としては比較的メジャーな存在ですが、住宅会社の中でも、自社の物件のUA値を知らない・言わないケースが散見されます。これは非常に大きな問題だと、私たちは考えています。

住宅の断熱性の目安・UA値に注目

UA値とは、建物から逃げる熱量を建物の外皮面積で割った数値。これにより、建物の断熱性能を推し量ることができます。

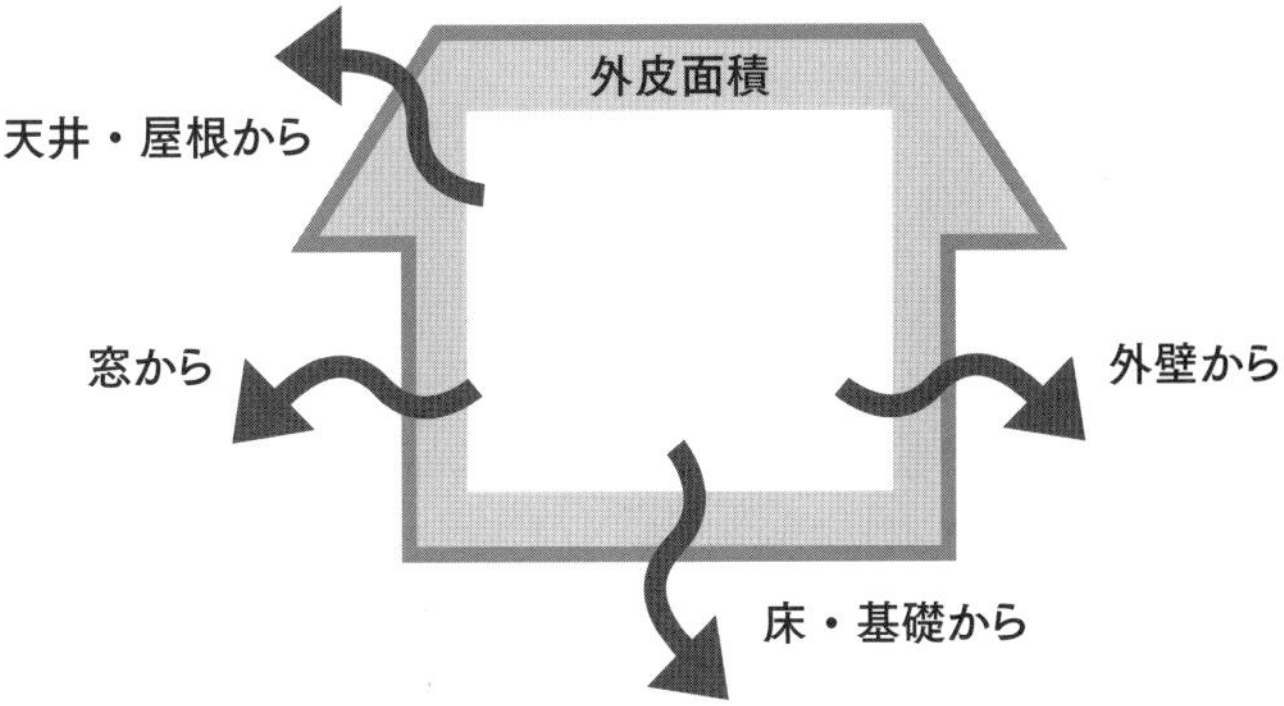

家はあらゆるところから熱を損失している。

外皮平均熱貫流率

$$\text{UA値} = \frac{\text{建物から逃げる熱量（W/K）}}{\text{外皮表面積（m}^2\text{）}}$$

UA値が小さいほど冷暖房した熱や冷気を逃がしにくい ＝断熱性が高い

例えば、自動車を購入する場合、販売店へ行って「この車の燃費はリッター何キロですか」と聞いたとき、答えられない営業担当者はまずいません。

ところが住宅の場合、お客さんに知識がないのをいいことに、説明しない・できない業者も多いのです。

「御社で建てている家の平均UA値はいくつですか」と聞いて、即答できないような住宅会社は信用してはいけません。販売している車の燃費も言えないカーディーラーから購入しようと思う人はいないはず。それと同じことです。

省エネ基準よりも高い基準・ZEH

現在では、UA値よりもさらに厳しい断熱基準の一つとして、2015年12月に経産省が打ち出した、ZEH(ネット・ゼロ・エネルギー・ハウス)基準というのがあります。

67ページの表をご覧ください。現在の省エネ基準では、「6地域(東京など)」のUA値は0・87とされています。これがZEH基準になると、0・6と厳しくなっているのです。ほかの地域も同様です。

どちらの基準の達成も義務ではありませんが、国がこのような指針を示した以上、私たちは「UA値0・87は論外。最低0・6をクリアしなければならない」と考えています。だからこそ、こうした基準をクリアした家を建てることができる住宅会社を選ぶことが大事になってくるのです。

ネット・ゼロ・エネルギー・ハウスを建てるならZEHビルダーがおトク

経産省が認定する「ZEHビルダー登録制度」にも触れておきましょう。住宅会社ごと、あるいはフランチャイズごとに、ZEHビルダーとして登録します。施主がゼロ・エネルギー住宅を建てるとき、ZEHビルダー登録をしている住宅会社に依頼して建てると、国から補助金が出るというものです（2021年度時点）。ZEHを推進すべく、国として、消費者のZEHに対する信頼感を高めようという目的の制度です。

登録していない会社だと、どんなに素晴らしいゼロ・エネルギー住宅を建てても、補助金は出ません。ゼロ・エネルギー住宅を建てるなら、ZEHビルダーに依頼したほうがおトクといえます。

省エネ意識の高い住宅会社は制度が始まって早々からZEHビルダー登録をしているので、消費者はここに登録をされているかどうかを見るだけで、省エネに対する住宅会社の意識を確認することができるというわけです。むしろ、ZEHビルダー登録すらしていない住宅会社は選ぶべきではないといっていいでしょう。

専門家が提唱するより厳しい断熱基準

さらに厳しい省エネ基準として、「HEAT20（G1、G2、G3）」があります。これは公的なものではなく、慶應義塾大学理工学部の伊香賀俊治教授や、近畿大学理工学部建築学科の岩前篤教授といった住宅と健康との関連を研究している専門家が中心になっている「一般社団法人　20年先を見据えた日本の高断熱住宅研究会（HEAT20）」が提唱している基準です。

この法人は、「当法人は、低環境負荷・安心安全・高品質な住宅・建築（以下、住

省エネ住宅の最新基準・ZEH

2015年12月に新しい目安として経産省が打ち出したZEH（ネット・ゼロ・エネルギー・ハウス）基準。ZEHには従来よりもさらに高い断熱性能が求められています。

●ZEHとは……

今後数十年〜半世紀にわたり住宅分野における省エネを確保し、優良な住宅ストックを形成するため、竣工後に抜本的改善が困難な躯体の高性能化を目指して設定された、省エネ基準を強化した高断熱基準。

●地域によって異なるZEH基準

地域ごとに設定されたZEHと省エネ値の基準を比べると、ZEHのほうが厳しく設定されていることがわかります。

地域区分	ZEH基準	省エネ基準（2021年現在）	HEAT20基準	
			G1	G2
1地域（夕張など）	0.4	0.46	0.34	0.28
2地域（札幌など）	0.4	0.46	0.34	0.28
3地域（盛岡など）	0.5	0.56	0.38	0.28
4地域（仙台など）	0.6	0.75	0.46	0.34
5地域（つくばなど）	0.6	0.87	0.48	0.34
6地域（東京など）	0.6	0.87	0.56	0.46
7地域（鹿児島など）	0.6	0.87	0.56	0.46
8地域（那覇など）	—	—	—	—

※表内の数値はＵＡ値を表しています。

宅等と称す）の実現のため、主として居住空間の温熱環境・エネルギー性能、建築耐久性の観点から、外皮技術をはじめとする設計・技術に関する調査研究・技術開発と普及定着を図ることを目的とする」（HPより）とうたっています。

HEAT20にはG1、G2、G3の三つの基準が設けられており、厳しさの順番でいうと、下から国の省エネ基準、ZEH基準、HEAT20のG1、G2、G3となります。

G1、G2、G3にはそれぞれ目指しているエネルギー消費量（暖房負荷）や室温、暖房方法（部分間歇《かんけつ》暖房、居室連続暖房、全館連続暖房）などの暮らし方が設定されています。多彩なライフスタイルの中で、快適な住環境とエネルギー削減の両立を実現するためにどのようなレベルを目指すのかは、住宅会社とともに検討するのがよいでしょう。そのためには、各指標の説明ができる住宅会社を選ぶ必要がありそうです。

11 ちょっとした違いが大きな性能差を生む窓ガラスやサッシ

熱は伝わりやすい性質をもっていますから、住宅の外壁を通して、室内の熱と屋外の熱も行き来します。冷房をかけてもなかなか涼しくならない、暖房をかけても部屋が温まるのに時間がかかるといった家は、たいてい家の中と外の熱が行き来しやすい造りになっています。そうした家は同じ広さの部屋と比べて冷やしたり温めたりするのに、余分なエネルギーが必要になるため光熱費の面でもかなりの損失です。そこで、熱の行き来を断つことが大切になってきます。そして、そのためには、熱が伝わりにくい素材を断熱材に使うことが欠かせません。

前項で、住宅には外壁、窓、天井と屋根、床と基礎と、熱の出入り口が4か所あると説明しました。このうち、冬場の室内の熱の半分が逃げるといわれているのが、窓です。窓はガラスと窓枠でできていますが、どちらの断熱性能も重要です。冬に窓や窓枠が曇ったり、水滴がびっしょりついたりする状態になる結露は、断熱性能の低さを象徴するものです。

粗悪なサッシ（窓枠）が家の断熱性能を下げている

窓枠の断熱性能が低いのは、現在の先進国ではおそらく日本でしか使われていないアルミサッシが大きな元凶です。アルミの登場より前、公団住宅などに使われたのは鉄枠ですが、湿気に弱く錆びやすいという欠点がありました。その点、アルミは加工しやすく、錆びにくく、耐久性能に優れ、安価で、大量生産に向いていました。安い住宅にはもってこいだったのですが、断熱性能は最悪です。

それなのに現在も、経済的なメリットのためにアルミの窓枠は販売されています。サッシメーカーが設備投資を回収し終えるまで他の素材に切り替えられないという理由もあるようです。そのため、ローコスト住宅の大半にはまだアルミのサッシが使われているのです。

アルミの欠点を補うため、最近ではアルミと樹脂を混ぜ合わせた複合サッシも流通していますが、これもアルミ製であることには変わりません。本当に断熱性能に優れているのは、木製や樹脂製の窓枠です。熱伝導率が低いので、熱の影響を受けにくいのが特徴です。

木製サッシはガラスとフレームを別の工場でつくり、建築現場で組み合わせる必要があるなど、生産工程がワンステップ増えます。樹脂サッシは高いコストパフォーマンスで断熱性能を発揮するのが特徴です。どちらもアルミサッシよりは値段は少し高くなりますが、高い断熱能力による省エネ効果を考えれば、数年で回収できる程度です。サッシの性能によって、UA値は大きく変わってきます。

窓ガラスの断熱性能も高まってきている

窓ガラスにはいろいろなタイプがありますが、ガラスという素材そのものが断熱性能に劣り、熱が行き来しやすいという特性をもっています。そのため、昔ながらのアルミサッシにはめ込まれた一枚板のガラス（単板ガラス）は、非常に結露しやすいといえます。これは「ドイツで犬小屋に使うガラスが、日本では住宅に使われている」などと、さんざん批判を受けました。住宅先進国のドイツでは、住宅用に単板ガラスを使ってはいけないというルールがあるくらいです。

窓はガラスをペア（複層）やトリプル（三層）にするだけで熱が伝わりにくくなり、断熱効果が高まって、結露も緩和できます。しかし、ガラスを重ねるだけでは十分ではありません。間にアルゴンガスを入れたり真空の層を挟んだりしている高性能な製品が出ていますので、そうした製品を選択すべきでしょう。最近では、トリプルガラスの窓もお求めやすくなってきているので、断然そちらのほうがおすすめです。

「窓はあとから取り替えられる」という誤解

窓と窓枠の断熱はこれほど重要なのに、家を建てるときに意外と見落としている人が多いのも事実。せいぜい「ペアガラス（複層）にしてください」という注文がある程度です。

住宅会社でも使う製品が限られていて、「うちの標準はこれです。ペアガラスだから大丈夫ですよ」程度の説明しかしてくれません。どういうペアガラスなのか、サッシ（窓枠）の素材は何なのか、施主自身がきちんと確認しなければなりません。

「窓はあとから取り替えられるから、とりあえず安いのをつけておいても問題ない」という思い込みがあるとすれば、大きな間違いです。窓には断熱のほかに、防水という大事な役割があります。壁と窓とフレームの防水処理は、とても大切なのです。リフォーム時などに壁にはめ込んだフレームを取り替え、隙間をきっちり塞いで雨水の浸入を完全に防ぐ品質の工事を行うのは、かなり難しい。窓の交換を禁止しているマンションがありますが、窓は共有物だから個人で変更してはいけないという財産権上の問題だけでなく、施工の不良が起きたら建物全体に悪影響を与える、という理由もあるのです。

窓に限らず、断熱のリフォームは非常にお金がかかるので、最初にケチらず投資しておくことが、あとあとおトクになります。

12

断熱材によっては期待通りの性能を発揮しないこともある

断熱効果は、UA値だけでは計ることはできません。より重要なのは施工精度です。施工精度が悪いと数値は単なる机上の空論となってしまい、期待した断熱効果が得られないだけでなく、住宅の寿命を縮めてしまう可能性もあります。

室内と外部との接点をできるだけなくし、熱が行き来できる余地をどれだけなくせるかが、断熱のポイント。

例えば、建材をつなぐのに使われるねじやボルトは鉄ですから、熱が伝わりやすい。室内から壁の中へ貫いていたら大問題ですから、ねじの頭を別途断熱しなければいけません。新築住宅の断熱は、そういう細かいレベルで施されています。このような作業をリフォームで行うのは極めて大変です。新築時にいい断熱工事をしておくことが大切です。

結露が断熱材の性能を低下させる

いい断熱工事かどうかは、施工しやすい断熱材と施工が極めて困難な断熱材があることを知っておくことで判断できます。

現在、断熱材の高いシェアを占めているタイプは、わかりやすく説明するとスーパーの袋に綿を詰めたような形をしています。これを壁の中へ詰め込んでいくわけですが、隅っこの部分やコンセントボックスのまわりなど、断熱材の形状的に詰めるのが難しい場所が出てきます。ホチキスのような器具を使って貼りつけるなど方法はあるのですが、隙間なく詰め込むには手間がかかります。袋に入っているために、中身の断熱材を建物の形状通りに密着させるのが大変なのです。

建物全体に隙間なくしっかり断熱材が入っていないと、とんでもない事態を招きます。結露に直結するからです。

窓の結露は、誰でも見たことがあるでしょう。窓がびっしょり濡れるのは、暖かい空気に含まれている水分が、窓の外の外気に冷やされて液体に戻るからです。

壁の中のコンセントボックスのまわりが断熱材で塞がれていなかったら、その空間の温度は外気温と同じです。そこへ室内の暖かい空気が接すれば、壁の裏側のコンセントボックスのまわりで結露が起こります。壁の中で水滴がぺちゃっとつくのです。目に見えませんが、冬場はこれが毎日続きます。

性能の低い断熱材が壁の中に結露を引き起こす

袋にグラスウールのような繊維質の素材を詰めたタイプの断熱材は、施工時に隙間ができやすく、そこから湿気が侵入し、壁の中で結露を引き起こす可能性が高まります。そうなると、断熱材の性能は格段に低下、建物へのダメージが急速に蓄積されていき、結果的に家の寿命も短くなることに。

しかもこのタイプの断熱材は、ひとたび水を含むと形が変わります。そのまま乾けば、縮まって隙間ができます。濡れたままだと、腐っていきます。中の繊維が空気を含んでふわっとした状態でないと断熱の性能は発揮できませんから、いずれにしても

施工が難しい断熱材が壁の中に結露を引き起こす

袋に繊維を詰めたタイプの断熱材は、施工時に隙間ができやすく、そこから湿気が侵入し、壁の中で結露を引き起こす可能性が高まります。そうなると、断熱材の性能は格段に低下、建物へのダメージが急速に蓄積されていき、結果的に家の寿命も短くなることに。

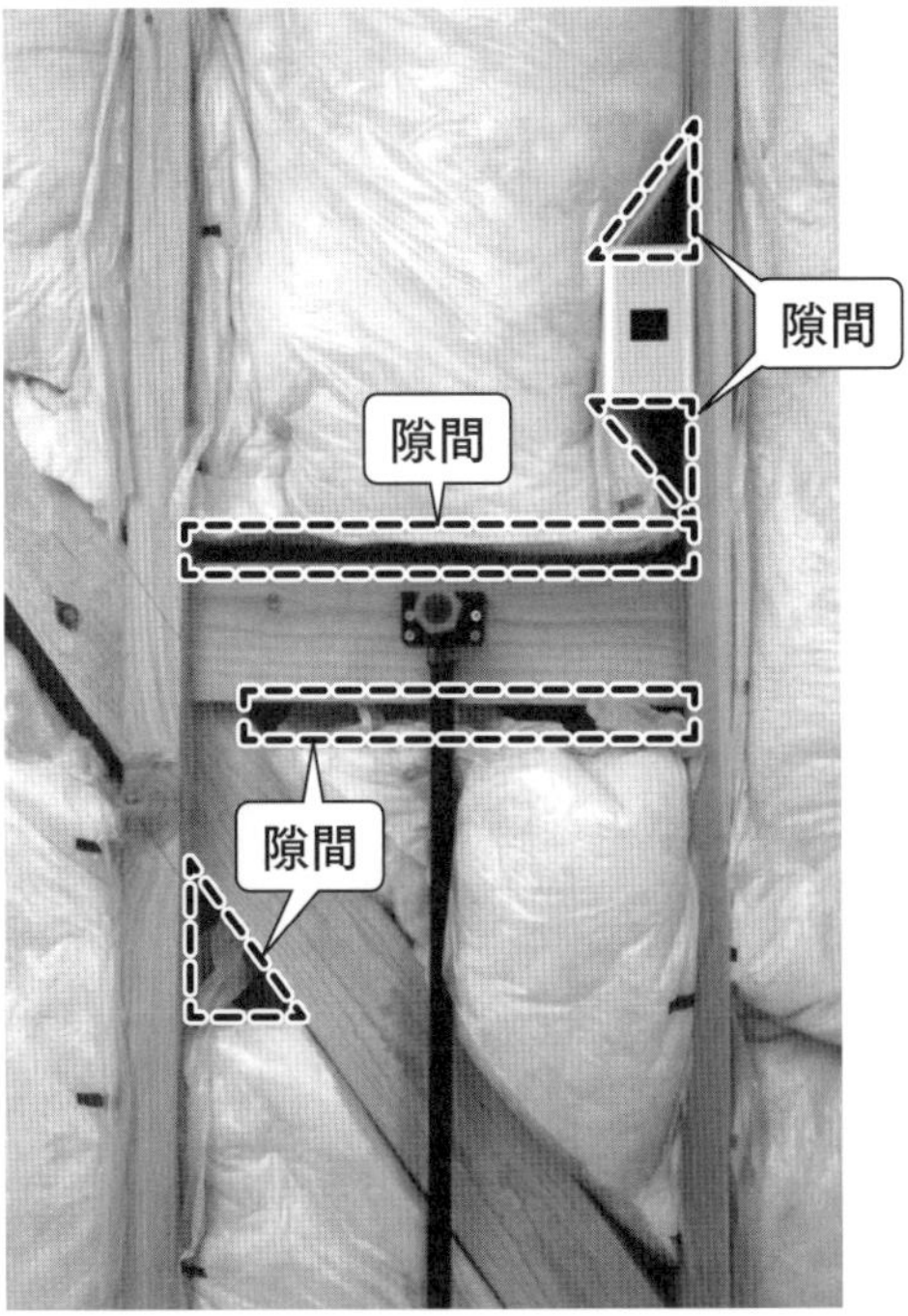

断熱効果はどんどん落ちていくのです。

このタイプの断熱材を使っている昔の住宅は、たいてい壁の中が結露しています。水分は、木造住宅の大敵です。断熱材の水分が建材を蝕み、柱や梁を腐らせて、建物の構造を内部から破壊していきます。シロアリを呼び込み、ダニやカビが発生する原因になります。挙句の果てに、建物の寿命を短くしてしまうわけです。

断熱の数値が「机上の空論」でないかをチェック

そんな断熱材は使わなければいいのですが、値段が安いのです。分譲住宅やローコストをうたっている住宅会社が建てる住宅には、ほとんどこの断熱材が使われています。住宅会社からの細かい説明などありません。暖房の効いているモデルハウスに連れて行かれて、「どうです？　暖かいでしょう」と言われて終わり。

そこで「本当に暖かいですね！」などと感激していては、賢い消費者にはなれません。前項で述べたように、「御社が建てる住宅の平均UA値はいくつですか」と必ず聞いてください。「UA値で0・5くらい出している業者じゃないと、仕事は頼みません」

と念を押してください。ただしそのとき、ここで説明したタイプの断熱材を使っていたら、出てきた数値は机上の空論です。

そもそもUA値は設計図を基に断熱材がむらなく、隙間なく、完璧に入っていることを前提に計算された理論値で、このタイプの断熱材を使うことで生じる隙間などからの熱損失は計算式に入っていません。したがって、理論値であるUA値がいくらよくても、実際の建物ではその性能は数値通りに発揮されない可能性があるのです。

どんな断熱材をどう入れているかにこだわる

「素人はそんなこと知らないから、安い断熱材を使って販売価格を下げたほうが消費者は喜ぶはず」と高をくくっている住宅会社がたくさんあります。「ちゃんと断熱材を入れていますから大丈夫です」という説明を鵜呑みにしてはいけません。どんな断熱材を、どんなふうに入れるかを確認してください。

「ほかの断熱材を使ってください」と申し出ると、中には「それはオプションなので高くなりますよ」と嫌な顔をする住宅会社もあります。いまでも住宅業界の一部には、

「高価な家は売れない。お客さんは安くなるほど喜ぶもの」という思い込みがはびこっているのです。そのようなイニシャルコストを偏重している住宅会社に依頼しても後悔することは目に見えているので、その場で関係を断つことをおすすめします。

高性能な断熱材で経済性も快適性も格段にアップ

そもそも袋型の断熱材は住宅一棟分で30万円くらいです。ところがいい断熱材を使っても、材料費は90万円程度しかかかりません。リフォームで断熱をやり直せば、壁を全部剥がしてやり直しですから1000万円台のお金がかかることもあるでしょう。だったら、建てるときに多少のお金をかけたほうが、はるかにおトクです。高性能の断熱材を使った効果で電気代が月に1万円ずつ節約できれば、約60万円の差額はたった5年で回収できてしまうのです。高性能の断熱材によって快適性も格段に向上するのですから、そこで多少のお金を惜しむのは賢明な選択とはいえません。

採用すべきなのは、隙間をまったく出さずに施工ができる断熱材です。例えば、私たちがよくおすすめするのはフェノールフォームのパネルや、ウレタンやセルロースファイバーを使った充填断熱、あるいは、家を外から完全にくるんでしまう外張りの断熱です。

中途半端な断熱は、家の寿命を縮める

これらの断熱材を用いる場合も、いくつか注意しておきたいことがあります。

フェノールフォームのパネルは素材そのものがもつ断熱性能が高く、耐久性も高いので安心して使用していただいてよいと思います。一方、ウレタンの場合は大きく分けて工場成形の硬質ウレタンパネルと現場発泡ウレタンの2種類があり、この二つは性能が全く異なります。現場発泡は、硬質ウレタンパネルと比較して、透湿抵抗値が低く湿気を通しやすいのです。硬質ウレタンパネルと比較すると、同じ厚みであれば断熱性能が4割ほど低くなり、屋根に厚く吹く場合はまだしも、厚さが決まっている壁の中に入れるには性能的に劣ります。

セルロースファイバーは、JIS（日本工業規格）品でないものが出回っているので、JIS品かどうか事前にチェックしておきたいところです。また、外張りの場合

は、断熱材の厚さが住宅会社によってかなり異なるので、どの程度の厚さの断熱材を使うのか施工前に確認しておきましょう。最低限、壁の中に入れるのと同程度の厚み（80㎜ほど）は欲しいものです。

いずれにしても、中途半端な断熱は、家の寿命を縮めます。私たちが「トクする家と損する家がある」と言うのは、経済的な意味だけではありません。「せっかく建てる自分の家を、自分で早く壊れるように建ててしまうのは大損ですよ」ということも主張したいのです。

13

数値通りの断熱性能が発揮できるかどうかのカギは気密性にあり

性能の高い住宅の三つの条件は、断熱性、気密性、換気に優れていることです。施工時に生まれる隙間が断熱性を損なうだけに、隙間をできるだけ減らすことが家づくりでは重要になります。その目安となるのが気密性です。

気密性の高い住宅は、隙間からの熱損失がないため保温性に優れ、冷暖房の効率がいい住宅です。

どれほど精密に設計・施工された住宅でも、施工段階で細かい隙間がどうしてもできます。完全に密閉された家というものは、まずありえません。だからといって、隙間があまりに多くて気密性が低いと、いくら高断熱にしても、エネルギーのロスが大きくなってしまいます。

では、どのくらいの隙間までなら断熱性が損なわれずに済むのか。その基準となるのが、C値（隙間相当面積）です。

C値は気密性を表す数値で、住宅全体の隙間面積を、延べ床面積で割って計算します。値が小さいほど、気密性が高いことを意味します。

住宅にどれだけの隙間があるかを数値化する

多くの専門家が指摘するように、C値は1・0以下が必須だと考えています。C値をわかりやすく説明すると、C値が1・0なら、その住宅の隙間を全部集めるとハガキ1枚分の面積になるということです。

よく自社の住宅ではC値2・0とうたっている住宅会社がありますが、1・0を基準にすれば論外のレベルといわざるを得ません。

さらにいえば、そもそもC値についてしっかり説明できない住宅会社もあります。そうした住宅会社が建てる家では、C値が二桁に達することも珍しくありません。そうなるともはや断熱計算は無意味で、UA値も名実ともに机上の空論となります。

ちなみに、住宅先進国のドイツで採用されているC値は、0・2から0・3です。

住宅の気密性を表すC値の計測法

気密性の高い住宅は、隙間からの熱損失が少ないため保温性に優れ、冷暖房も効率的に機能します。住宅の気密性を数値化した基準がC値です。

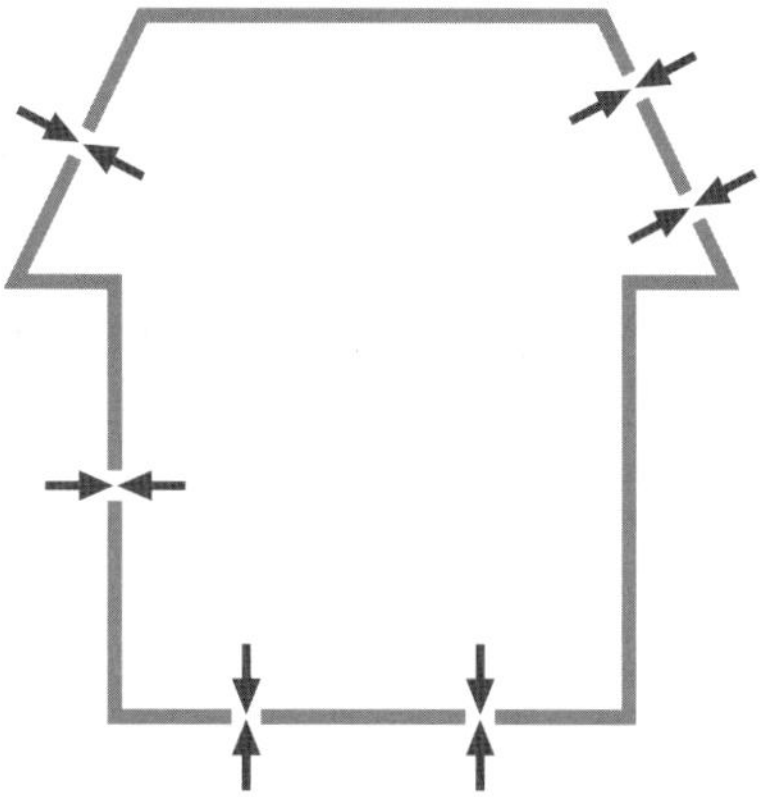

家には、パッと見ただけではわからない、細かな隙間が多数ある。

床1㎡あたりの隙間面積

$$\text{C値} = \frac{\text{家全体の隙間の合計}（\text{cm}^2）}{\text{建物の延べ床面積}（\text{m}^2）}$$

※実際には「家全体の隙間の合計」は設計図上の数値では計算できないので、C値は理論値ではなく実測値になる。

値が小さいほど、「隙間が少ない＝気密性が高い」といえる。

ＵＡ値だけでは本当の性能はわからない

断熱性を表すＵＡ値は設計図から割り出す理論値ですから、実際に住宅を建てたときに隙間から逃げる熱損失は、計算に含まれていません。細かくいうと、屋根から逃げる熱や床下に逃げる熱、窓や壁から逃げる熱などは、断熱材の厚みやサッシの性能まで含めて計算するのに、隙間から逃げる熱損失は計算しないのです。

極端な話、壁に大きな穴が開いていて熱がどんどん漏れている家でも、隙間が勘案されない以上、ＵＡ値の計算では反映されない結果が出ます。つまり、隙間から熱はいっさい逃げない、という前提の計算式なのです。これはおかしいと私たちは考えています。

計算の結果、ＵＡ値が0・87だった家があるとします。2階建て32坪の住宅です。ところがこの家には隙間が多く、Ｃ値は5・0でした。すると、実際のＵＡ値は1・11という計算になるのです。これは、風速7・9メートルという設定での計算です。

砂埃が立ったり落ち葉が舞ったりする、そこそこ強い風です。その環境下において、ハガキ5枚分もの隙間があると、そこからどんどん熱が逃げ出してしまうのです。断熱効果に影響を及ぼすことは、いうまでもありません。

C値を計測することで、断熱性能の「実質」がわかる

こうした計算結果を、私たちは独自に「実質UA値」と呼んでいます。机上の計算ではない、現実のC値を基にした実質UA値こそ、尊重されるべきだと考えます。理論値は住宅会社の都合であって、お客さまの都合ではないからです。

断熱性能についてはZEHやHEAT20などでもどんどん強化されてきていますす。それに比べて、気密性はないがしろにされています。実はC値という基準自体、2009年の省エネ基準見直しの際に撤廃されてしまったのです。C値の低い家を建築できるだけの技術をもった住宅会社はそれほど多くはありません。そうした住宅会社に配慮した結果なのでしょうが、住宅建設の世界でいかに消費者がないがしろにされているかを示す証左ともいえるのではないでしょうか。

C値の計測の有無と標準値を必ず事前に確認する

UA値は、こういう建材を使ってこういう施工をすると設計図上に表し、計算したものです。正しい施工が高い精度で行われたときに、そのまま生きる数値です。C値はあくまで実測ですから、その施工精度を測る意味合いももっています。

つまり、正しい断熱施工が隙間なく行われているか確認することで、理論的な期待値であるUA値の性能が発揮できるかどうかの確認ができるわけです。

だからこそ、忘れられようとしているC値の重要性を強調したいのです。自ら「標準でC値測定をしています」とうたう住宅会社は、気密性に自信をもっているとみていいでしょう。

なお、C値の測定は、実際の現場でしかできません。測定を行うタイミングは、内装工事が終わり、壁紙などがまだ貼られていない段階です。費用は高くても5万円以内、所要時間は半日くらいです。

方法は、換気扇などの開口部をすべて塞いだ後、室内の空気を強制的に戸外へ排出します。このときの気圧の差と風量を計測すると、住居全体にどのくらいの隙間があるかわかるのです。

壁紙が貼られ、内装工事の仕上げが終わったあとでは、工事をやり直すことができません。だからこそ、内装工事の仕上げ前にC値を測定することと、その結果が悪ければC値を1・0以下にするための改善工事をするということを、契約前に必ず確認しておくことが大切です。

14

気密性が高くなると換気が悪くなるという間違った思い込み

気密の重要性を話していると、気密性の高い住宅だと空気がよどむと思い込んでいる人がけっこういることに驚かされます。結論からいうと、それは間違いです。なぜなら、家の中の空気は換気によって常に入れ替えられているからです。

2003年以降に売り出された戸建てやマンションは、24時間換気が建築基準法で義務づけられました。家の中の空気を、2時間に1回全部入れ替えるのがルールです。これは、シックハウス症候群やアトピーの問題が社会的に注目されるようになり、換気の重要性が説かれるようになった影響です。

93ページの図で示すように、気密性が高くないと室内に新鮮な空気が入ってこられず、換気は機能しないのです。24時間換気の家では、だいたい風呂やトイレなどに換気扇をつけ、リビングに給気口がついています。風呂やトイレから空気を押し出すことでリビングに新鮮な空気が入ってくる。この仕組みが円滑に進んで初めて、換気が十全に機能しているといえます。

気密性が低いと室内の空気が外に出ていかない

その仕組みは、ストローを用いた例え話で説明できます。水の入ったコップにストローを差し入れ、口でストローをくわえて息を吸うと、ストローの中を水がスイスイと通って口の中に運び込まれていきます。では、ストローに針をプツプツと突き刺し、穴を何か所か開けるとどうなるでしょう。強く吸ってもほとんど水が入ってこないはずです。隙間があるせいで気密性が損なわれ、水が漏れていくからです。

家の気密性も同じです。高気密の家は、室内の空気がしっかりと外に吸い出されていきます。しかし、気密が悪い家はストローに穴が開いているような状態ですから、室内の空気がなかなか外に出ていきません。つまり高気密でない住宅は24時間換気が十分に機能しないということになります。だからC値が大きい、すなわち気密性が低い家では、家の中の空気がよどんでしまうのです。

高気密＋換気で住宅が長持ちする

ときどき、「高気密なんかにしたら、空気が汚くなりますよ」と平気で口にする住宅会社があります。次のような言葉で説明することが多いようです。

「頭からビニール袋をかぶって、袋の口をゴムで締めて呼吸してみてください。空気はすぐに汚くなりますよね」

確かにその通りです。でも、意図的かどうかわかりませんが、この言葉には重要な要素がすっぽり抜け落ちています。換気の役割を無視しているのです。

住宅は、屋根から袋をすっぽりかぶせて閉ざされているわけではありません。常に換気がされているので、気密性が高いほど空気はきれいになります。

また、気密性が高くなることで「木造住宅の天敵である湿気がこもりやすくなるのでは？」と心配される人もいます。ここまでのご説明ですでにお気づきかもしれませんが、それも間違った思い込みです。

高気密が換気のよい家をつくる

室内の換気が十全に機能するかどうかは、気密性に大きく左右されます。
気密性が低い家では、換気がうまく働かないのです。

【高気密住宅(C値2未満)で換気をすると】

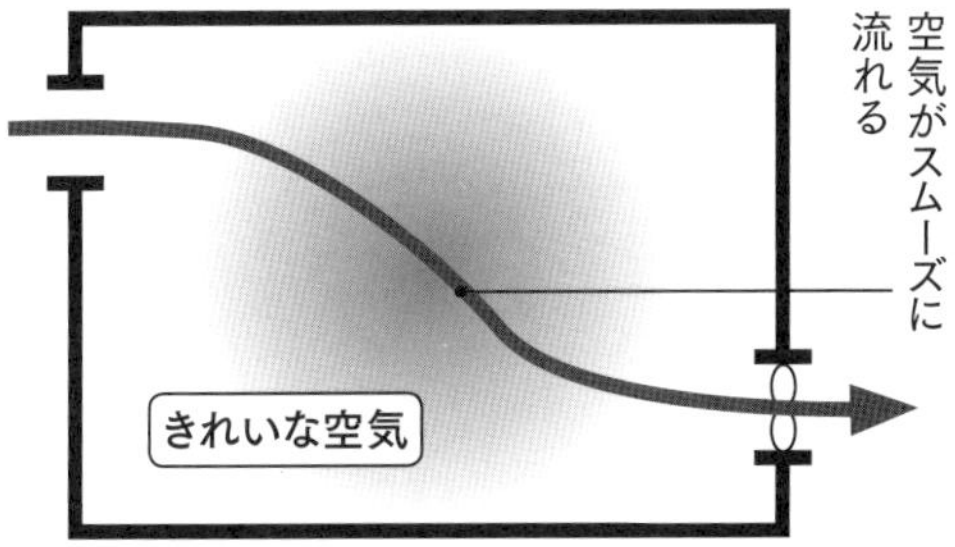
空気がスムーズに流れる
きれいな空気

【気密の低い家(C値3以上)で換気をすると】

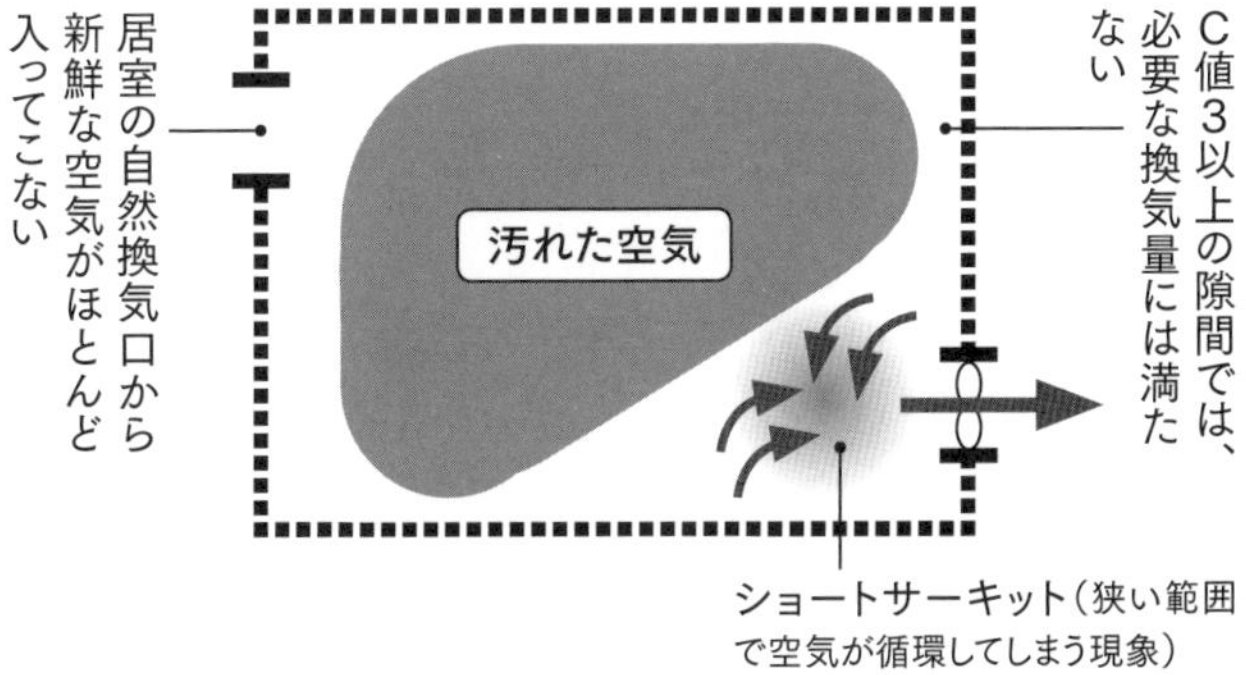
居室の自然換気口から新鮮な空気がほとんど入ってこない
汚れた空気
C値3以上の隙間では、必要な換気量には満たない
ショートサーキット(狭い範囲で空気が循環してしまう現象)

湿気がこもると結露が生じやすくなり断熱効果が低下し、木材が腐ったり、カビやダニが発生したりします。しかし気密性の高い住宅で、適切な換気を行えば、湿度も上がりにくくなり、湿気を防ぐことができます。結果として、建物も長持ちすることになります。

断熱と気密と換気は、相互に密接に関係しています。断熱性能だけをいくら高めたところで、気密性能が低ければ、断熱効果は発揮されず冬は寒く夏は暑くなり、さらに結露による断熱性能の更なる低下や家の寿命を縮めるという結果になってしまいます。また、嫌な匂いが室内にこもったりもします。

断熱と気密と換気は相互作用があるので、三つともに優れていないと相乗的な効果は望めず、住宅の中に快適な空間は生まれません。だからこそ、この三つの性能に関しては妥協することなくこだわってほしいのです。そうすることで、きっと快適で健康的な生活ができる、そして長持ちする家を建てることができるはずです。

第3章

安心・安全のためにも家屋を支える土台にも目を向ける

家づくりというと、一般的に建物をどうつくるかという問題だと思われがちです。確かに、第2章で説明したように、建物の性能は非常に重要です。しかし、家は建物だけでできているわけではありません。建物を支える土台＝地盤がしっかりしていなければ、どんなに高品質な建物をつくったところで、安心して生活を送ることはできないのです。

15

地盤改良の費用と手間はぜったいに惜しんではいけない

いい家を建てるには、建物と土地と地盤の3点に注意を払わなければいけません。そう聞くと、違和感を覚える人もいるかもしれません。建物には住む人それぞれのこだわりや理想がありますし、それを実現するため業者に高いお金を払って設計・建築してもらうので、誰でもまず一番に注意を向けます。土地もまた、理想の環境を求めてあちこち歩き回って場所を探し始め、1坪いくらのお金を払って手に入れるのですから、軽視する人はいないでしょう。

しかし、地盤は家づくりにおいて非常に大切な要素でありながら、それほど注意を払う人が少ないのが現実です。地盤とは何かというと、建物を支える土地の性質にほかなりません。

建築後に住宅の外壁や内壁に亀裂ができたり、ドアや窓がきしんで開きにくくなったりする不具合が生じるとき、その原因の大半は「不同沈下」と呼ばれる現象によって引き起こされています。

軟弱な地盤は建物の耐久性を損なう

断熱性や気密性にどれだけ神経を使って家を建てても、こんな不具合に見舞われてしまえば、せっかく手に入れた理想の住まいも台無しです。もちろん、資産価値は望むべくもありません。

軟弱な地盤の上に建てた家は、それだけで耐久性に大きな問題を抱え、時とともに「不同沈下」の影響を受けることになります。

この「不同沈下」ですが、一般的な発生の割合は5000件に1件から1万件に1件の間といわれています。ちなみにジャンボ宝くじの当選確率1万分の1は4等に相当しますので、「不同沈下」は意外と身近に起こりえる不具合事象です。

だからこそ最初に地盤調査を行って、地盤がどれくらいの重さに耐えられるかの指標である地耐力などを調べておくことが重要なのです。それでもし問題が見つかったとしても、その土地を諦める必要はありません。建物を建てる前に適切な地盤改良工事を施して、地盤を補強すればいいのです。

地盤改良が必要かどうかを理解している人は少ない

全国平均で、およそ30%の土地に地盤改良工事が必要だといわれています。ただし地盤には、地域によって大きな差があります。四国地方は山地が多くておおむね地盤が固いので、平均5%程度だといわれます。それに対して、新潟市は「潟」の字が入っているだけあって、ほぼ100%。東京都は平均だと約30%ですが、隅田川東岸の墨田区や江東区などでは数値が大幅に上がります。また、住宅などの建物は、もともと地盤がよいとされるところから建てられていくものなので、新しく開発された分譲地などでは、古くからの住宅地と比較すれば地盤が悪い可能性が高く、結果的に地盤改良率が高くなる可能性があり、先ほど全国平均でおよそ30%と述べましたが、今後は30%よりも高い割合になるであろうと考えられます。

多くの新興住宅地で建築前に地盤改良工事が行われているはずです。ところが、自分の家が建っている土地、あるいは建てようと思っている土地に地盤改良が必要かどうかを理解している人はほとんどいません。

地盤調査結果を説明しない住宅会社が多い

これは消費者側の問題というより、供給する側の責任です。

私たちと一般社団法人住宅不動産資産価値保全保証協会が共同で実施したアンケート調査で、マイホームを建てたばかりの人や建てている最中の人、これから建てようとする人を対象に、住宅会社から受けた地盤に関する説明内容を尋ねたことがあります。

「地盤調査・調査結果について詳細説明がありましたか」という質問に、「あった」と答えた人は約36％。「なかった」が約56％。

「地盤改良工事について説明がありましたか」という質問には、「あった」が約31％。「なかった」が約61％。

一方で、「地盤調査結果について説明してほしい」と答えた人は、全体の72％に達しました。つまり、住宅会社の半数以上が、地盤に関する説明を怠っているわけです。なぜこのようなことになるのかというと、住宅会社は地盤の専門家ではなく、調査データを適切に説明することができないことが多いためです。

2000年4月に「住宅の品質確保の促進等に関する法律（品確法）」という法律が施行され、地盤に関する法解釈が変わりました。この法律の施行前は、地盤が原因で事故が発生しても、住宅会社が法的責任を問われることはありませんでした。事故やトラブルが発生すれば、費用を含めて、住んでいる人自身が対応するしかなかったのです。施行後には、建築後10年間は住宅会社が責任を負うと改められました。消費者保護の観点に立った法律ができたのです。

その結果、何が起こったかというと、地盤保証会社の台頭です。住宅会社は地盤の専門家ではないので、代わって地盤保証会社が地盤調査データを解析し、地盤補強工事は必要であるのか、必要でないのかの判断を行い、その結果を住宅会社がそのまま基礎設計の判断として流用していることが多いのです。

地盤調査・調査結果の説明を怠る住宅会社

消費者アンケートの結果から見ても、地盤調査・調査結果についての説明をしていない住宅会社は少なくないようです。
※小数点第2位以下は四捨五入しています。

Q マイホーム検討において、地盤調査・調査結果について住宅会社から説明がありましたか？

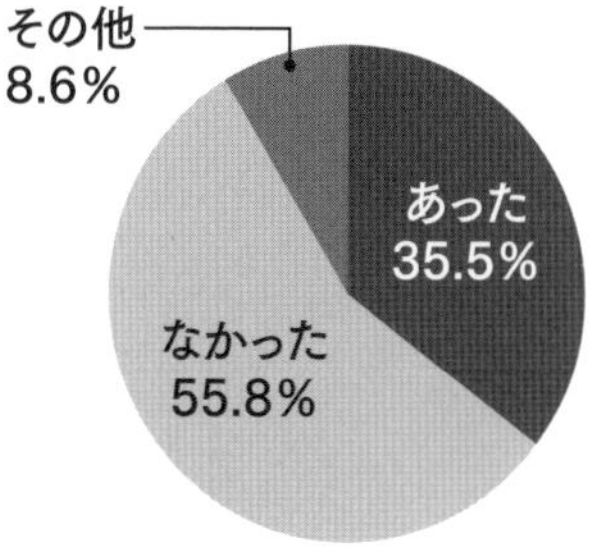

Q マイホーム検討において、地盤改良工事について住宅会社から説明がありましたか？

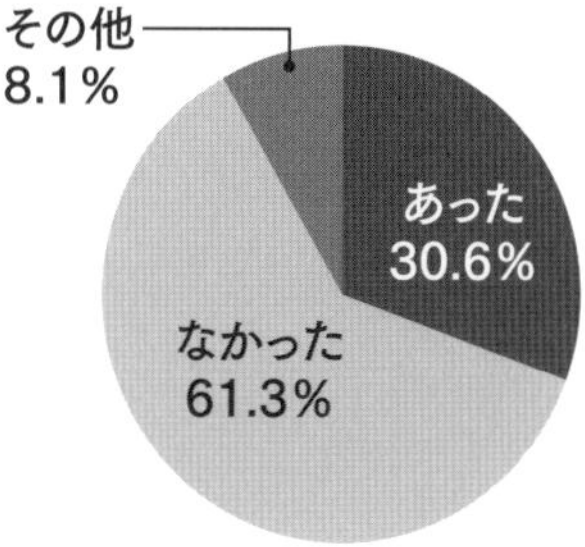

Q 地盤調査・調査結果について住宅会社からどのような対応をしてほしかったですか？

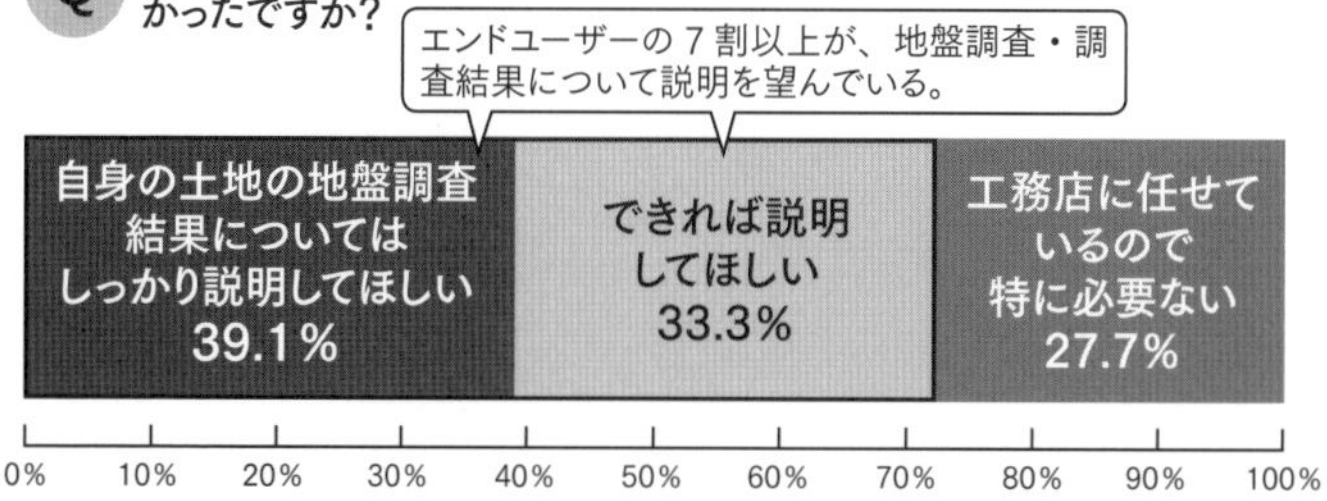

【出典】『住宅地盤に関する意識調査』（一般社団法人住宅不動産資産価値保全保証協会、ハイアス・アンド・カンパニー株式会社　2015）

ところが地盤保証会社の中には、「その改良工事は本当に必要ですか?」をキャッチフレーズに、例えば「地盤改良不要判定率88%」という〝実績〟を売りにする会社も現れました。「地盤改良工事の実施率を30%減らします。その代わり、事故が起こった場合に備える保証料は、通常は5万円のところ10万円」というのです。

安心・安全な暮らしのために、地盤改良の工事費は惜しまない

お金と時間がかかる改良工事を行う必要がなくなれば、100万円近い工事費を節約することができます。住宅会社は、施主に工事費100万円プラス保証料5万円を請求するはずだったのが、「地盤改良不要」と判定されたおかげで、改良工事の必要がなくなり10万円の保証料だけ請求すればいいことになります。

他社より95万円も安く建てられるというのは、魅力的な営業フレーズとして利用できます。飛びつく住宅会社も出てくるわけですが、冷静に考えれば、かける保証料が高いのは、建物が傾いてしまう危険性の高さを示しているとわかるはず。例えるなら、高齢者など病気になる確率が高い人が保険に入る場合、保険料が高くなるのと同

じことです。

地質調査の情報を開示している地方自治体もある

消費者は、「費用が安く、手間がかかりません」といった甘い文句にだまされてはいけません。地方自治体によっては、過去の公共工事などで行った地質調査の情報が公開されています。自ら関心をもって、情報を集めることも大切です。

住宅会社の仕事は建物を傾かせないことであって、改良工事の実施率を下げることではありません。

では、なぜ地盤改良工事の実施率を下げたいのか？

住宅の予算を組む段階では地盤調査をしていないことが多く、予算に地盤改良工事費用を見込んでいなければ、あとになって地盤改良工事が必要となったときに予算が足りなくなり、予算の見直しをしなければなりません。住宅会社はできればそのようなことは行いたくないので、追加費用が発生しない、地盤改良工事が必要のない判定を望んでいるのです。

そもそも、顧客を危険にさらして利益を得ようとするなど、ビジネスモラルとして間違っています。住宅会社は地盤のプロではないので地盤調査を外注するのは当然としても、安心して任せられる地盤改良業者をネットワークにもち、調査結果を包み隠さず消費者に説明しなければなりません。

みなさんが家を建てるときには、顧客の安全をしっかり考え、説明責任をきちんと果たす会社を選んでほしいと願ってやみません。

16 工法の種類によっては施工品質が確保できていないことも

地盤の改良工事については、実はさまざまな問題が起こっています。世間を騒がせた先述の杭打ち工事のデータ偽装のほかにも、次のようなトラブルが多発している現実があります。

①品質不良

住宅地盤における地盤補強は、鋼管を利用し地中の固い層を支持層とする方法や、セメント系固化材を使用し、セメントと土を攪拌して土を固める方法が一般的な工法としてあります。それ以外にも、軽量材を使用した土の置換え工法や、砕石を利用し地盤を締め固める工法など多数あります。

深度方向に向かって施工を行う場合、目視で確認ができないため、施工管理は重機に取り付けられた計測器で監理を行っています。また、計測データが改ざんできない計測器を使用していればさらに安心です。ただし、セメント系固化材を使用した方法では、計測器で見ているだけでは十分でないこともあり、特に腐植土と呼ばれる植物の繊維質が混じった土では、セメント系固化材との相性が悪いと土が固まっていないこともあります。

そこで、セメント系固化材を使用した工法では、施工直後の未硬化のサンプルを採取し、養生期間（最低3日）後に所定の強度が出ているかの確認を行います。

ここで問題が二つあり、一つは未硬化の採取したサンプルがしっかりと強度が出るような状態にすること。もう一つは、住宅の工期は短いため、養生期間を取らずに基礎着工に入ってしまうこともあり、施工の品質に問題が生じるケースもありえることです。

地盤改良にまつわるさまざまなトラブル

②土壌汚染

前述のセメント系固化材を使用した地盤改良工事の場合、強度不足の問題以外にも注意しておきたいことがあります。例えば、相性の悪い土とセメント系固化材が合わさると、発がん性物質である六価クロムが溶出する可能性があります。

ただし、六価クロムが溶出しているかは実際にはわからないのです。

なぜかというと、土壌汚染対策法において土壌が汚染されているかの調査対象地は、有害物質使用特定施設を廃止した場合などに限られ、一般的な住宅地はそれらに該当しないためです。

③土地の液状化

東日本大震災では、震源から遠い千葉県や埼玉県でも、住宅地の液状化被害が報じられました。住民は、区画整理事業を行った行政の責任を追及しました。

国土交通省（国交省）が「地震時に液状化の恐れのある地盤の場合には、建築物又は建築物の部分に有害な損傷、変形及び沈下が生じないことを確かめなければならない」と告示を出したのは、2001年。東日本大震災より10年前のことです。義務づけられたはずの安全性の調査は、行われなかったのです。そして現在に至るも、適正な調査はなされず、その危険性に関する住民への説明も不十分なままです。

いずれのトラブルも、原因をたどっていけば地盤改良工事を「他人任せ」にしたことに行きつきます。一消費者ができることには限りがありますが、自ら積極的に情報を集め、住宅会社任せや住宅会社の言いなりにならず、住宅会社と対等の立場で事前に細かく打ち合わせをすることが大切です。

住宅地盤における地盤調査データは、あくまでも簡易試験の結果

住宅建設を計画する前に、その土地が固いのか軟らかいのかを判断するため地盤の調査を行います。

現在の住宅地における地盤調査の多くは、スクリューウェイト貫入試験と呼ばれる調査方法が主流です。

調査方法を簡単に説明すると、先端にスクリューがついたロッドを地中に差し込み、0N《ニュートン》から1000Nまで段階的に荷重をかけていき、各荷重段階でそのまま貫入していくのかを確認。1000Nまで荷重をかけ、貫入しない場合は回転を加えます。

安心・安全な住まいに欠かせない地盤改良工事

安心・安全な住まいの実現には、しっかりとした地盤改良工事を施しておくことが欠かせない。以下に古くからある地盤改良工法を紹介します。知識として覚えておくと、業者と話すときにも役立ちます。

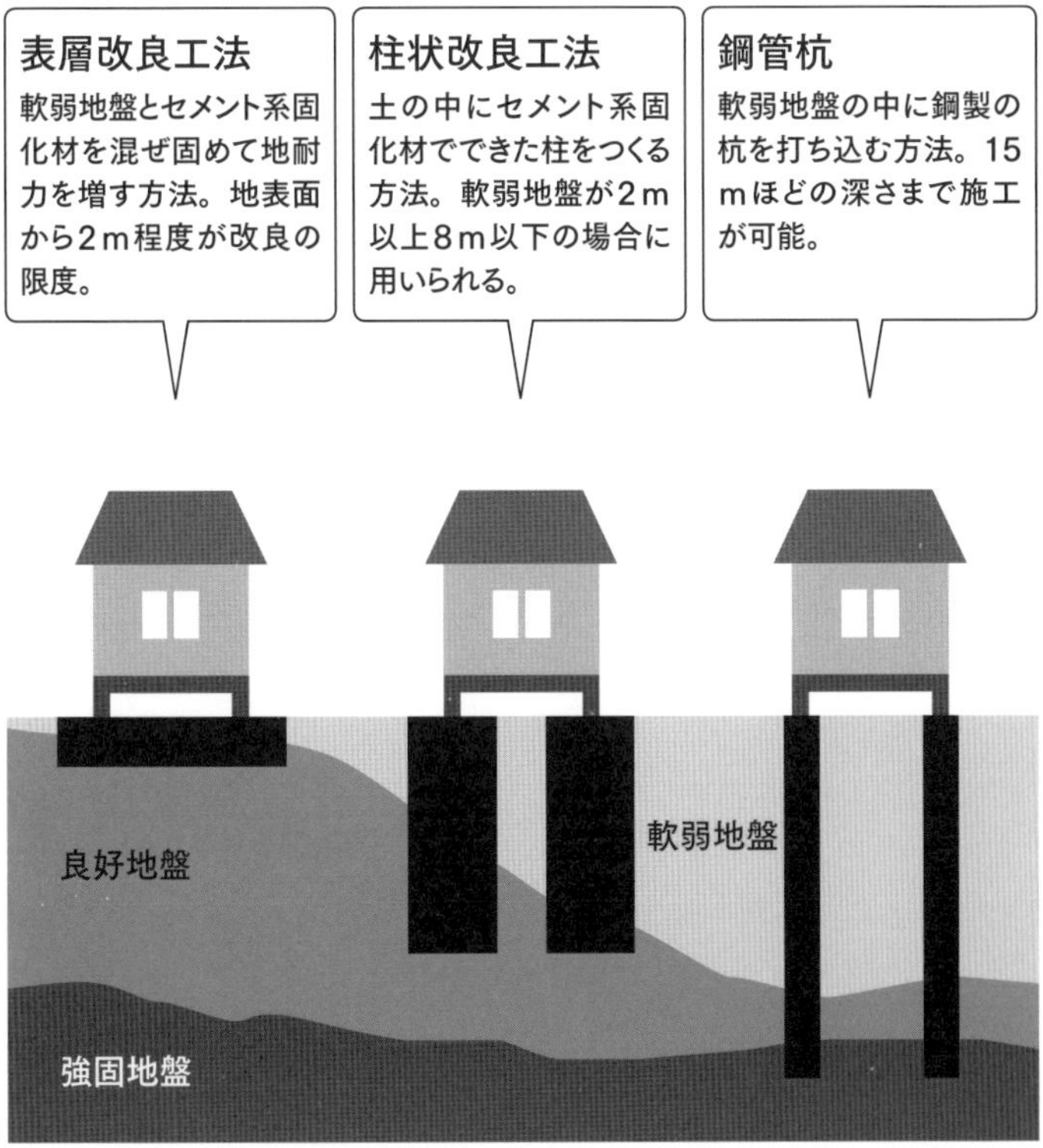
表層改良工法
軟弱地盤とセメント系固化材を混ぜ固めて地耐力を増す方法。地表面から2m程度が改良の限度。
柱状改良工法
土の中にセメント系固化材でできた柱をつくる方法。軟弱地盤が2m以上8m以下の場合に用いられる。
鋼管杭
軟弱地盤の中に鋼製の杭を打ち込む方法。15mほどの深さまで施工が可能。
軟弱地盤
良好地盤
強固地盤

先端にスクリューがついているので、回転により貫入していくわけですが、25㎝貫入するのに何回回転したかで地盤の固さを確認していきます。

こうした手順で調査を行ったデータを基に地盤の良し悪しの判断を行うのですが、それだけではあとで非常に後悔するような事態になるかもしれません。

例えば、盛土造成でガラや大きな石が混じった土で盛土をし、表面だけきれいな土で化粧をする造成がたまに見受けられます。

このような造成における地盤の調査は、表層の盛土層はガラや大きな石などに当たり、おもりの荷重のみでは貫入できないため回転をしながら貫入していきます。回転しているのでデータ上はよく見えますが、ガラや大きな石が多く混入していると、空隙も多くなり建物建築後、建物の荷重により、空隙が圧縮され地盤が沈下するということもあります。

ですから、地盤調査データだけでなく、造成地の状況、盛土や擁壁の有無、山裾の地形や山に挟まれた谷地形など、近隣ロケーションの確認を行って総合的に判断する必要があります。

積極的な質問で住宅会社の姿勢を見極める

どんな些細なことでも丁寧な説明を心がける住宅会社は、みなさんにとってよい会社です。説明姿勢は住宅会社のモラルや責任感を測るリトマス試験紙のようなものです。だからこそ、消費者からも積極的に質問をすることで、住宅会社の姿勢がわかるのです。

例えば地盤改良の工法の選択の際に、セメント改良であれば資産目減りや土壌汚染などのリスクを説明してくれるかといった観点は重要です。最近は自然素材である砕石を使った地盤改良を推奨する会社も増えてきましたが、そのような選択肢を示してくれるかといった点も見逃せません。

いずれにしても、きちんと説明してくれる姿勢がある会社と付き合うことが、みなさんの大切な住まいを守ることにつながるのです。

17 家の土台から熱を断つと効果が高くなる

住宅は、建物と基礎によってできています。基礎とは、建物の荷重を支えるための下部構造で、地盤と建物をつなぐ大切な土台です。この基礎の品質が住宅の耐久性や耐震性を決め、断熱性能も大きく左右します。

住宅の基礎は、地盤に応じて2つのタイプが使い分けられてきました（115ページ図参照）。地盤が固い場合は「布基礎」といって、断面が逆T字形をしているコンクリートと鉄筋の組み合わせを、外壁の下に並べて設置します。「ベタ基礎」は、建物の床下にコンクリートを流し込み、一面に敷き詰める方法で、建物を面で支えるため耐震性の面でも優秀です。

そのため現在は、地盤の固さにかかわらず、この「ベタ基礎」が主流です。住宅金融支援機構の調査でも、平成7年には新築住宅の約7割が布基礎でしたが、平成24年になると9割がベタ基礎になっています。

基礎の精度は住宅の品質を大きく左右する

前項で述べた地盤の改良と同じく、基礎も目につきにくい部分です。住宅会社任せになりがちですが、注意すべき部分が二つあります。

一つは、設置が義務づけられたアンカーボルトという構造用金具です。みなさんも、住宅の建築現場の前を通りかかったとき、基礎のコンクリートから上に向けて金属の棒が突き出しているのを目にしたことがあるのではないでしょうか。もし、今度そうした場面に出くわしたら、棒の並び方を注意して見てください。正確に一列に並んで真上を向いていたら、自分の家を建てるときにその住宅会社に任せても安心です。もし、列が乱れていたり棒が斜めに傾いていたりしたら、それは施工精度が低い証。設計上の理論強度を損なってしまいます。

もう一つは、地面に近いところにできがちなコンクリートの継ぎ目です。下から段階的につくっていく際にひび割れが入る場合があり、耐久性を下げるばかりか、湿気やシロアリの侵入路になってしまうのです。

「一軒家は寒い」という「常識」はどこから生まれた？

基礎はまた、住宅にとって大切な性能である断熱と省エネにストレートに関わる部分です。基礎の断熱には、「床断熱」と「基礎断熱」の二つの方法があります。

布基礎が主流だった昔の家は、冬になると足元が寒かったものです。畳の部屋はまだしも、フローリングの台所などはひときわ寒くて奥さま泣かせでした。これが「一軒家は寒いもの」という「常識」が広まるようになった原因ですが、その大元をたどれば、床断熱に行きつきます。

床断熱は文字通り床下に断熱材を張るわけですが、断熱材の下は外気です。床下を流れる冷気に断熱材が耐えられなくなり、その上の床板もどんどん冷たくなってしまうのです。冷暖房の効率も非常に悪かったことは、いうまでもないでしょう。

現在はベタ基礎が主流になってきましたが、依然として床断熱が一般的です。やはり足元が寒いので、住宅会社は床暖房をすすめます。しかし断熱効果が低いのに床暖

断熱効果が高く自然エネルギーも活用できるベタ基礎

ベタ基礎は布基礎と比べて快適性も省エネ性も高いことから、近年、主流となりつつあります。

【基礎の種類】

布基礎

家の壁面に沿って設けられる、断面が逆T字形の基礎。ひび割れしにくい。

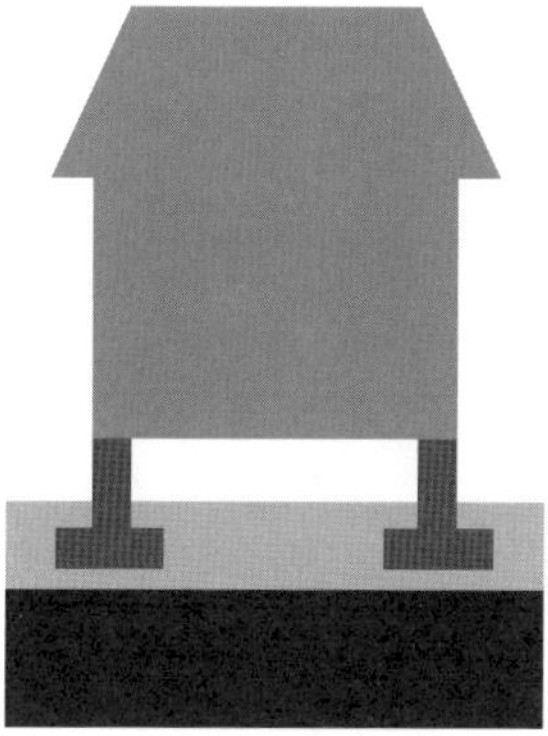

ベタ基礎

家の床下一面をコンクリートで覆う。湿気やシロアリの侵入を防ぐ。

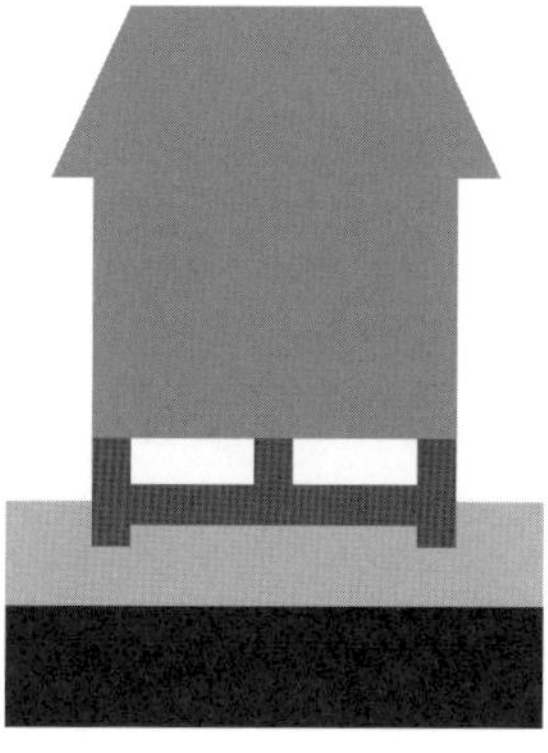

房を入れても、コストがかさむばかりです。

断熱は基礎から行うと効果がアップする

これに対して、床下の空間を完全に塞いでしまうのが基礎断熱です。基礎断熱とは床下に断熱材を施工せず、建物の外周に面した基礎立ち上がり面に板状の断熱材を施工し、床下換気口を設けない工法のことです。

床下には外気が入り込まず、前述の通り、基礎立ち上がり面で断熱がされていることで、床板の下の空間も室内とつながる一体の空間となる設計です。床板の上も下も室温と同じになるので、板張りでも床だけが冷えることはありません。

しかも、コンクリートには蓄熱作用が高いというメリットがあります。その分、冷暖房の効果が増すわけです。

床断熱と基礎断熱で、工事にかかる費用はたいして変わりません。欧米では、昔から基礎断熱がメインです。日本でも欧米並みに基礎断熱が普及するようになれば、「一軒家は寒い」という「常識」が実は「非常識」であったと多くの人が気づくはずです。

18

家歴書と構造計算で安心・安全な住宅の価値を守る

住宅には安全と安心が必要不可欠だ、と私たちは考えています。安全とは、住宅が耐震や耐久、断熱の性能を100%発揮し、住む人を守ることです。安心とは、住む人がそうした住宅の性能を100%信じて生活することです。

安全と安心をより確かなものにするために、建築前に安全の性能を確かめる「構造計算」と、安心して暮らし続けるための「家歴書」の大切さを知っておきましょう。

構造計算とは、地震が起きたときに建物の各階が水平方向にどのくらい変形するか（層間変形角）、建物がどのくらいねじれるか（偏心率）など、建物にかかるさまざまな荷重を設計図の段階で検討し、建物が安全な状態を保てるかどうか、建築前に確認することです。

2005年のことですが、一級建築士が設計を請け負った物件の耐震性を偽装し、建築基準法に定められた耐震基準を満たさないマンションやホテルがたくさん建てられていたという事件が発覚しました。「耐震偽装問題」とも呼ばれたこの事件で、構造計算という言葉は広く知られるようになりました。

木造二階建ての住宅にも構造計算を

しかし、一般の住宅である木造二階建てについて構造計算を行う必要がないことは、いまでもほとんど知られていません。こちらは違法というわけではありません。簡単な計算で仕様が守られた小規模な建物については義務化されていないので、構造計算なしで建築確認が下りるのです。ただし、こんな制度は、先進国では日本以外にありません。

私たちは、木造二階建ての一般の住宅でも構造計算を行うことを提唱しています。結果は200ページにも達する分厚い冊子になりますが、慣れている住宅会社なら、費用もさほどかけずにやるはずです。これを面倒がらずにやってくれるか否かが、構造に対する意識が高い住宅会社か否かを判断する目安になります。

お客さんの安心を考えたら、こちらから何も言わなくても「ルール上はやらなくてもいいのですが、やったほうがいいですよ」という申し出があってしかるべきです。逆に、こちらから提案しても「ご希望でしたら行いますが、時間はかかるし、費用も50万〜60万円かかります」などとごねるようなら、ほかを探したほうがいいでしょう。

住宅履歴情報はデータとしてクラウド管理される

家歴書というのは、2008年に国土交通省が定めた「住宅履歴情報」のことです。長く住み続けられる家を目指す政策の一つで、国の認定制度です。

この中に記載される具体的な内容は、121ページの通りです。地盤調査の報告書に始まり、設計図、材料や設備や施工業者、117ページで説明した構造計算書、建築確認申請から、完成したあとの増改築や点検・メンテナンスの工事に至るまでの図面や書類や写真など、文字通りその住宅のすべての記録を「データ」としてクラウド管理する、いわば家の履歴書のようなもので、住宅の持ち主が替わっても、情報は更新されて引き継がれていきます。

これで住宅の資産価値が高まることは、いうまでもないでしょう。住んでいた家を売却したり貸与したりする際、「こういう安全な家に、安心感をもって住んでいました。その家を引き渡します」という証拠になるからです。

買い手や借り手にとっては、同じ安心を得られる材料になります。安心して購入できるとなれば、買い手としては家歴書がある物件とない物件なら、前者のほうを購入したいと思うのは当然の心理です。つまり、売り手の立場からいえば、家歴書があると、それだけでいい条件で売却しやすくなるということになります。

家歴書のデータは誰でも閲覧できる

アメリカで中古住宅の市場が確立している理由の一つに、こうしたデータの流通をあげることができます。「アプレイザル・インスティテュート」と呼ばれる不動産鑑定評価書です。そのときどきの住宅の状態が客観的に査定されているという安心感が、中古住宅の流通を促しているのです。

建設時から現在までの家の経歴がわかる「住宅履歴情報」

家に関するさまざまな情報を記録しておくことで、その家の価値を保証してくれる住宅履歴情報。以下のような内容が記載されています。

- **調査関係書類**（地盤調査報告書）
- **設計図書**
- **確認申請書類、性能保証・性能表示関連書類**（確認申請計画概要書、住宅性能表示関連書類など）
- **施工図面、施工関係書類**（工事工程表、配筋検査をはじめとする各種検査記録など）
- **施工写真**
- **引き渡し書類**（住まいの取り扱いと手入れの説明書、各種保証書など）
- **維持保全改修記録**（日常的な維持保全記録、修繕改修工事図書・写真・記録など）

日本では、設計や建築関係は市役所の建築課、税金関係は税務署、登記は法務局と、一軒の家なのに記録の保管場所があちこちに分かれていました。2010年頃から徐々に、日本でもアメリカのような管理システムが普及してきたのです。

家歴書には専門の保管機関があり、住宅の所有者と履歴情報を共有します。一物件につき4万円程度を払ってデータベースに保管されるデータは、建築した住宅会社も見られるし、住宅オーナーも、自分が住んでいる住宅の家歴がどう残されているのかも見ることができます。昨今では、システム技術の進化により、より安価に保管できる場合もあります。将来リフォームする場合も、家歴を参考にできるので、工事の間違いや遅延などが起こりにくくなります。

そもそも家履書は誰のための制度かといえば、住む人自身のためです。自分自身の家の価値を守るためにも、活用しておきたい制度といえます。

第4章

住宅会社によって
マイホームの品質が
大きく変わる

ここまでの説明で、よい家を建てるには、何を重視し、どこに気を配ればいいのか、おわかりいただけたことでしょう。しかし、どんなに施主に知識があっても、その知識を最終的にマイホームに反映できるかどうかは、住宅会社の手腕に委ねざるを得ません。だからこそ、優れた住宅会社に依頼することが大切なのです。本章では住宅会社選びのポイントを紹介します。

19

断熱・気密の優れた技術をもつ住宅会社の探し方

多くの人にとって最大の資産であると同時に、毎日の暮らしと大切な家族の健康の基盤となるのが、家です。そんな大切な家を建てるのだから、できれば腕のいい大工や業者に依頼したいものです。そこで重要になるのが、住宅会社選びです。

注文住宅を建築した人を対象に行われた「ハウスメーカー・工務店選びで重視したいポイントとは?」というアンケート調査があります(住まいるコンシェルジュ調べ)。回答を多い順に並べると、「対応面」42・5%、「費用面」18・9%、「実績面」15・1%、「機能面」12・3%、「評価、口コミ面」11・3%でした。

本書をここまで読み進んでこられた人なら、「住宅を買うとき最も重視されるべきは、『実績面』や『機能面』じゃないの?」と思われるはず。ところが、現実には「対応面」で住宅会社を選んだという人が、半数近くを占めています。やや乱暴な言い方になってしまいますが、多くの人が「質の高い家づくりができるかどうか」より「営業担当者がいい人かどうか」を重視して住宅会社を選んでいるわけです。

明確な基準がないので、選ぶことができない

もちろん、どの業種・業界であろうと、営業担当者が顧客に不愉快な対応をするような会社は論外です。しかし、それを一番に重視するのはいかがなものでしょう。そもそもある程度の事業規模をもつハウスメーカーの営業担当者には転勤が付きものです。どんなに相性がよくても、末長くお付き合いしていけるとは限りません。相性を重視するなら、建築後にもコミュニケーションをとる機会が多いアフターサービスの担当者がどんな人か見極めておくほうがいいでしょう。

なぜ多くの人が、家づくりの本質とは関係のない理由で住宅会社を選んでしまうかといえば、どういう視点で選ぶのが正しいのか、はっきりした基準がないのが大きな

理由でしょう。

住宅会社を回っていると、対応に出てきた営業担当者が必ず自社のセールスポイントをアピールしてきます。

「うちはデザイン重視。こんなにおしゃれな家です」という会社があれば、「とにかく頑丈で地震に強いので安心です」という会社もあり、「他社より必ず安く建てます」を売り文句にする会社まであります。でも、顧客は選び方の基準をもっていないから、どのセールスポイントも同じように魅力的に聞こえてしまい、優劣の判断がつきません。結局、「親切な営業担当者だから信頼できそう」と印象に頼ってしまうのです。そうして選んだ業者に高品質の住宅を建てるだけの技術がなく、あとで「あんな住宅会社に頼むんじゃなかった」なんてことになっては目も当てられません。

優良な住宅会社を選ぶ基準とは

一つ喜ばしいのは、家を建てることを考えている人たちの間で、どういう視点で住宅会社を選べばいいのか知りたいという意識が高まっていることです。実際、私たちが主催する「賢い家づくり勉強会」というセミナーで「住宅と住宅会社を選ぶモノサシをもちましょう！」という話をすると、みなさんとても熱心に耳を傾けてくれます。では、「優良な住宅会社を選ぶモノサシ」をもつにはどうすればいいか？ ひと言でいえば「質問すること」です。都合のいい説明や甘いセールストークにつられることなく、こちらが聞くべきポイントを尋ね、答えを求めることです。実は、このヒアリングである程度、住宅会社の良し悪しを判断することができます。

断熱と気密に関わる技術力などをチェック

では、どんな質問をすればいいのか。まず欠かせないのは、これまで繰り返しその重要性を説いてきた住宅の断熱性を示すUA値、気密性を示すC値です。これらは、その住宅会社の技術水準を測る目安になります。その住宅会社が過去に手がけてきた物件の平均値を、尋ねてみましょう。こちらから質問する前に説明してくれる業者は◎、聞けば即座に答えてくれる住宅会社だったら○、すぐに数字が出てこず、「次回までに調べておきます」などと言うような住宅会社は×です。

設計段階では、構造計算（117ページ参照）を依頼してみましょう。安い値段で快くやってくれるのは、構造計算をやり慣れている会社です。時間がかかると渋ったり、「50万~60万円くらいかかりますが、本当によろしいですか」などと高値をふっかけてくる会社は、プロ意識が低いと見るべき。なお、構造計算の費用はプランによって変わりますが、相場はおおむね20万円前後です。

費用の面では、住宅は建てたあとも長期的にお金がかかります。契約前から、そうした説明をきちんとしてくれるなら、むしろ良心的。さもお金がかからないように言っておいて、あとからこまごまと請求する住宅会社もあるからです。適切なコスト感覚で貴重なお金を正しく使い、長持ちする家を建て、適切なメンテナンスをしてくれるパートナーを探さなければなりません。

前述しましたが、2020年の省エネ新基準を理解していない業者や、地盤改良工事でセメント系固化材を使うと発がん性物質の六価クロムが発生する危険性をきちんと説明しない住宅会社も、現実にあるのです。そうした住宅会社を選んでしまわないためにも、契約を結ぶ前にしっかり質問しておくことが欠かせません。

20 なんでも聞いてくれる営業担当者は信頼できない

家を建てようとする人たちに「どんな住宅会社が信頼できそうですか」と尋ねると、「間取りなどのリクエストに気軽に応じてくれること」という声が返ってくることが非常に多くあります。住宅会社を選ぶ際に「対応面」を重視する人が多いというのもうなずけますが、私たちに言わせれば、なんでも気軽に応じる営業担当者ほど信頼できないものはありません。

顧客の要望に一つ応えれば、当然その要望を実現する分、コストが上がります。営業担当者がコストをまったく考慮せず、顧客のリクエストに気軽に応じていった結果、積み重なった金額が予算を大幅にオーバーしてしまったり、設計の見直しをしなければならなくなったりする事態もありえます。顧客が驚いてクレームを入れても、この手の営業担当者は「お客さまの要望を全部入れたら、2000万円で賄えなくなってしまいました」と平気な顔で言います。オーバーした予算を賄えない場合、非常に楽しくない事態になります。「オーバーした分、どこを削るか」という話をしなければならなくなるからです。前回の打ち合わせまではマイホームへの夢と希望を膨らませてワクワクしていたのに、「書斎は諦めます。リビングも小さくていいです」などと、まったく楽しくないリクエストをしなければなりません。

顧客の要望になんでも応えることは、サービスとはいえない

コスト意識に欠けている住宅会社に見積もりを依頼すると、こんなことがしばしば起こります。「お客さんの希望はなんでも聞きます」という会社は、それがサービスだと思っているのかもしれません。顧客にとっても、誠意があるように見え、最初は話していて気持ちいいかもしれません。しかし、さんざん顧客の夢を膨らませておいて、あとでそれを打ち砕くような営業の仕方をしているのでは、信頼できる住宅会社とは到底いえません。本当に良質なサービスを提供しようと思っているのなら、顧客からリクエストを受けた時点で、いくら余分にかかるかを正確に伝えるのが誠意ある

対応です。しかし、残念ながら、知識がないためにヒアリングの段階で予算オーバーを即座に計算できない営業担当者も少なくありません。

コスト感覚のある営業担当者とない営業担当者の違い

住宅会社がお客さまからよく受けるリクエストに、間取りの変更があります。例えば133ページの図のように、「二階は、日当たりのいい右側の部屋を広く使いたい。だから仕切りの壁を左へ動かしてほしい」などとおっしゃるわけです。壁を動かすだけならコストはたいして変わらないだろうと思われているのです。そこで、「わかりました。ご要望通りにしましょう」と即答するのは、ダメな営業担当者です。

まっとうな知識とコスト感覚をもっている営業担当者なら、「ちょっと待ってください」といったん回答を保留します。そして、「壁を動かすことは可能ですが、間仕切りの位置が一階と二階でずれます。構造上いびつになるので、梁を太くして補強しなければなりません。15万円くらいかかりますが、よろしいでしょうか」と丁寧に説明して、確認を求めるはずです。予算には限りがあるのですから、顧客は住宅会社がコスト感覚をきちんともって営業を行っているか見極めなければなりません。

住宅会社のコスト感覚がよく表れるのが、使用する建材です。おそらく、一般の人はほとんどご存じないでしょうが、日本の建材は長さ910ミリ×1820ミリが標準です。壁の下地材のモジュール(畳の大きさなどに代表される建築材料の共通寸法)は、2420ミリが標準です。建材の寸法をまったく考慮せずに設計を依頼してしまうと、多種多様な板を用意したり、それらを一枚一枚カットしたり、カットした余りを廃棄物として処理する分の手間とコストが発生するので割高になります。「ミリ単位で、お客さんの要望通りに設計しますよ」という住宅会社は、同時にその分のコストが発生することを説明していただきたい、というのが私たちの考えです。その上で、「そこにお金をかけたいかどうか」を施主に聞いたり、「モジュールに合った寸法のほうが合理的ですね」とアドバイスをしてくれる住宅会社を選んでほしいですね。

工期が長いところもおすすめできません。一般の二階建て木造住宅は起工から竣工まで、だいたい3か月といったところです。半年以上もかかるようなら、必ずどこか

設計や建材の工夫で無駄なコストを削減できる

間取りや建材をオーダーメイドすると、通常よりもコストがかかることに。特別なこだわりがないのであれば、オーソドックスな設計のほうがコストを削減できます。

【間仕切りの位置を変えるだけでも、コストは跳ね上がる】

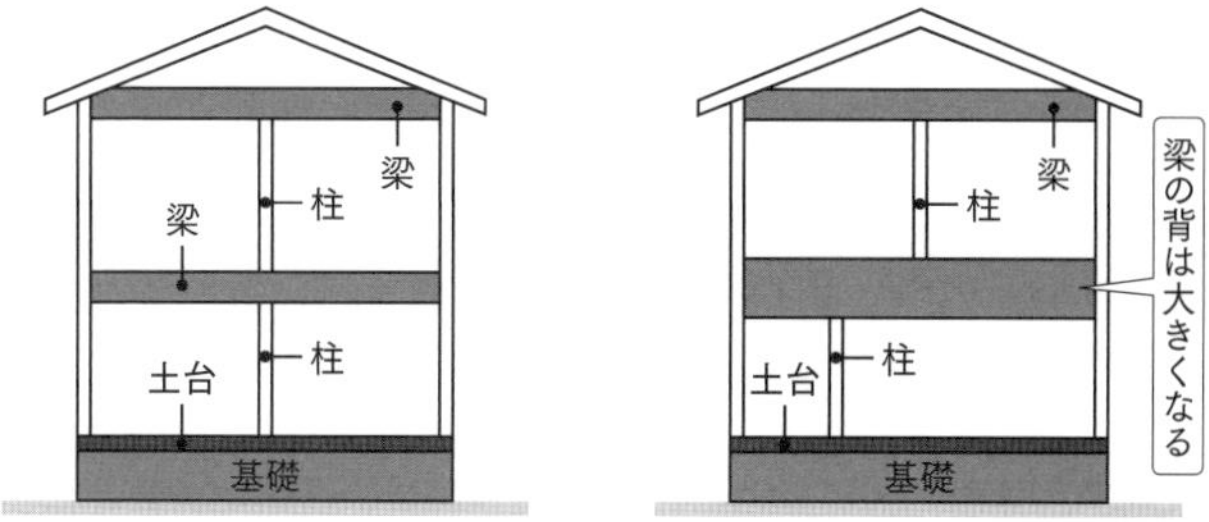

1階と2階の間仕切りの位置が合っているときは梁は小さくて済む。

1階と2階の間仕切りの位置をずらすと梁を大きくする必要がある。

【天井の高さを規格外にするだけでも、追加のコストが発生する】

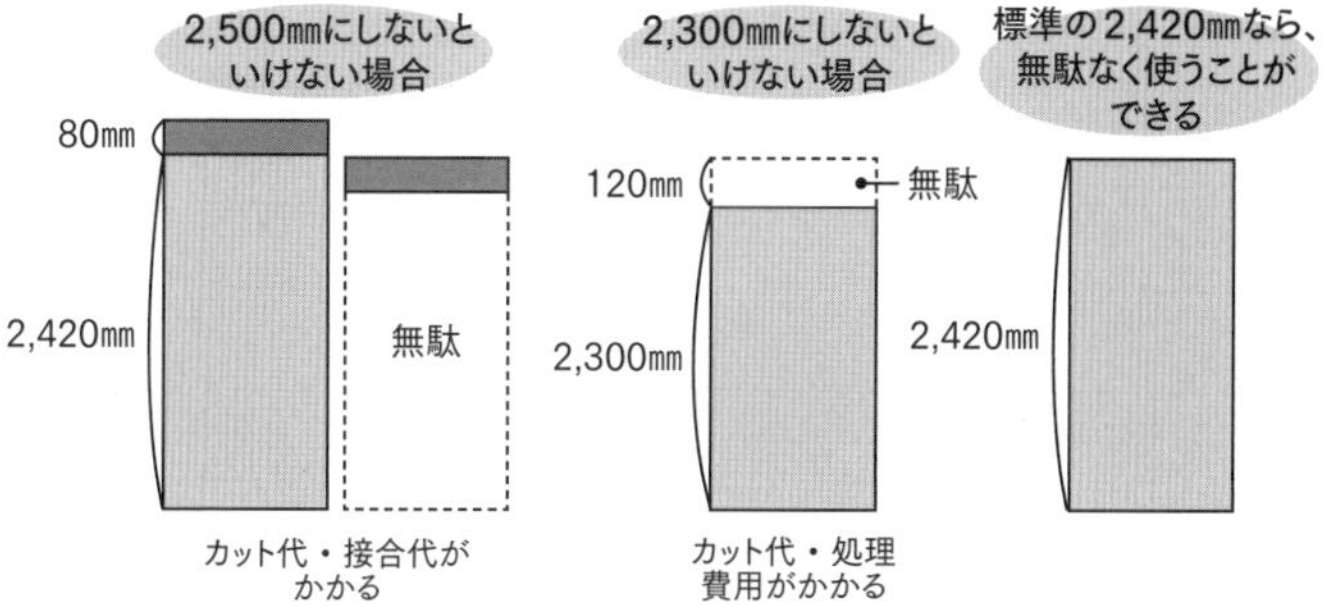

に無駄があるはず。工期が長くなれば、当然、その分コストがかさみます。現場監督の給料ももちろん、細かいことですが、レンタルの仮設トイレだって置きっぱなしなので、その分の費用がかかります。現場経費のうち、抑えられる部分をどう抑えるかも大切なコスト感覚です。工期の長さは、仕事の丁寧さとは関係ありません。

複数の業者に見積もりを出させても参考にならない

施主が住宅会社を選ぶ際、少しでも安いコストで請けてくれるところに依頼しようと、複数の会社に見積もりをとることがあります。いわゆる、相見積もりです。

お客さまのお気持ちはよくわかりますが、私たちは、相見積もりにはあまり意味がないと思っています。なぜなら、住宅の価格は表面上の値段だけでは高いか安いかの判断ができないからです。例えば、A社の見積もりが2200万円、B社は2000万円の見積もりを提示してきたとします。B社のほうが安いのは一目瞭然ですね。でも、A社はUA値が0・4、B社はUA値が0・8だったらどうか？　それなら、A社の見積もり額のほうが少し安いといってもいいのではないでしょうか。しかし、A社の外装材は5年ごとのメンテナンスが必要で、B社は10年メンテナンスフリーだったら？　床材の違いは？　サッシの素材は？

住宅会社のコスト感覚に目を向ける

こんなふうに、住宅を取得してからかかる月々のコストは、初期費用によって算出される月々の住宅ローンだけではなく、住宅の性能などによって決まる光熱費、建て方や素材の選択によって決まるメンテナンスコストも含まれます。光熱費やメンテナンスコストは、年月の経過とともに、差がどんどん広がっていくので、想像以上に大きな金額差になります。建築時の相見積もりだけを見ても、結局のところ、どちらが高いか安いかはなかなか断定できないのです。それよりも、材料費を無駄にしないように注意しているか、無駄に手間賃のかかる作業をしていないか、現場経費や販売経費を抑えようとしているかが大切です。相見積もりよりも、住宅会社ごとのコスト感覚をきちんと見たほうが、よい住宅会社に出会える確率は高くなります。

21

提案できない建築士に図面を描かせてはいけない

「賢い家づくり勉強会」のセミナーでよく言っているのが、ダメな営業担当者と話してはいけないのと同じように、ダメな建築士に図面を描かせてはいけないということです。ダメな建築士は、ダメな営業担当者と同様、顧客のリクエストに応えることにのみ全力を傾けます。

「リビングは何畳くらいにしましょうか。お子さんが2人いますから、子ども部屋は2部屋のほうがいいですか?」などと、必要かどうか、数をどうするか、大きさをどうするかばかり尋ねてくる建築士がいます。事細かく顧客の希望をうかがい、自分はそれに従うだけ。建築士の目から見た、家の根幹に関わる提案がありません。

住宅会社によっては、大きさや数だけ決めれば、「トイレはここ、子ども部屋はことところ」などといった具合に設計できてしまう場合もあります。しかし、優れた建築士は大きさや数といった「箱」の作り方を聞くのではなく、これから建てる家で家族がどのように過ごしたいのかを丁寧に聞きます。例えば、奥さまの日中のタイムスケジュールや過ごし方、ご主人が趣味に割く時間や場所、あるいは休日に家族そろってどのような過ごし方をするかなど、「暮らし」の作り方を聞いてくれます。まして、このような重要なヒアリング工程を営業担当者が実施するような会社では、みなさんの本当の意思や要望が届かない可能性があります。

優れた建築士は風向きにも配慮する

優れた建築士の仕事ぶりを示す例を一つ挙げましょう。いまは気象庁のホームページで、「風配図」が見られるようになっています。これは、ある特定の地点で、どの方向から風が吹くかを示した図です。地域の特性上、風向きは季節によっても変わるし、一日のうちでも変わります。そのために風配図は時間帯別につくられ、月ごとの風向きが書き込まれています。

風向きを計算して、風通しのよい住まいを実現

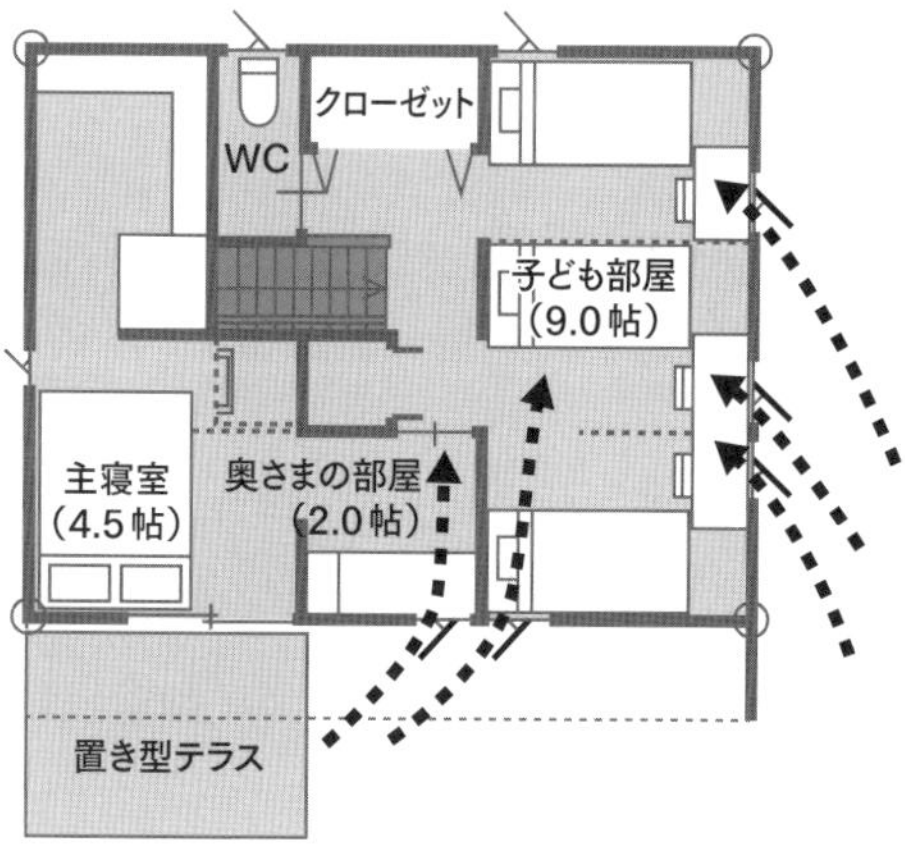

風配図を基に風の向きを計算して縦滑り窓（ウインドキャッチャー）を配することで、より快適な住まいをデザインすることができる。

優秀な建築士であれば、この図を読み、現地へ行って調査と測量も行った上で、住宅の風通しを考えるはずです。実際に現地へ行くのは、周囲に建つ家の様子など、将来変わるかもしれない条件を確かめるためです。

例えば、夏場はほとんど南から風が吹くのであれば、東西の方向に風の通り道をつくっても風は通らないので、南北方向にドアや窓をつけたいところです。しかし、実際に現地を見た結果、隣の建物との関係など何らかの理由で南北方向の窓がつけ

られず、東西に窓をつけざるを得ない場合もあります。そんなとき、風を取り込むために外側へ開く縦滑り窓（ウインドキャッチャー）を採用することで風を取り込みやすくするのです。こうした工夫は設計前に風配図をチェックしたり現地を見たりしているからこそできるのです。

デザインとは、問題を解決すること

家の設計を指して「デザインする」とよくいいますが、デザインという言葉の語源をたどると「問題解決」という意味で用いられていました。形や色やサイズを選んだり整えたりする作業は、デザインを具体化する仕事のほんの一部です。

その家族にとって理想的な住まいをイメージし、それを実現するに際して阻害となりそうなものを排除していき、機能性と見た目の美しさを両立させた住宅に仕上げる。それが、本来あるべき住宅のデザインです。せっかく大切なマイホームの設計を依頼するのですから、しっかりとデザインができる建築士に任せたいものです。

22

充実した〝無料〟サービスは高コスト体質の証

「契約に至らなかったとしても、敷地の調査は無料です」「とりあえず、プランを書いてみましょう。見積もりを出してみましょう。無料ですから」と、本来ならお金が発生するはずの仕事をタダでやってくれる住宅会社もたくさんあります。でも、実際には、敷地調査には3万〜5万円の費用がかかります。その上、何度も打ち合わせをしてプランを検討する作業は、住宅会社の設計人員の人件費を使うわけですから、実際は数万円の金額では収まりません。住宅会社も慈善事業ではない以上、発生した経費は何らかの形で回収しなければなりません。

では、どうやって回収しているのでしょう？　それは、最終的に契約した人に支払ってもらっているのです。つまり、住宅の購入代金に、ほかの人が頼んだ無料敷地調査やプラン作成のコストも上乗せされているのです。

本当におトク？　無料サービスのカラクリ

タダで敷地の調査やプラン作成を請け負ってくれると聞くと、おトクな気がする無料サービスですが、実際には購入した人が余分に経費を支払う仕組みになっているのです。

【有料でサービスを受けていた場合】

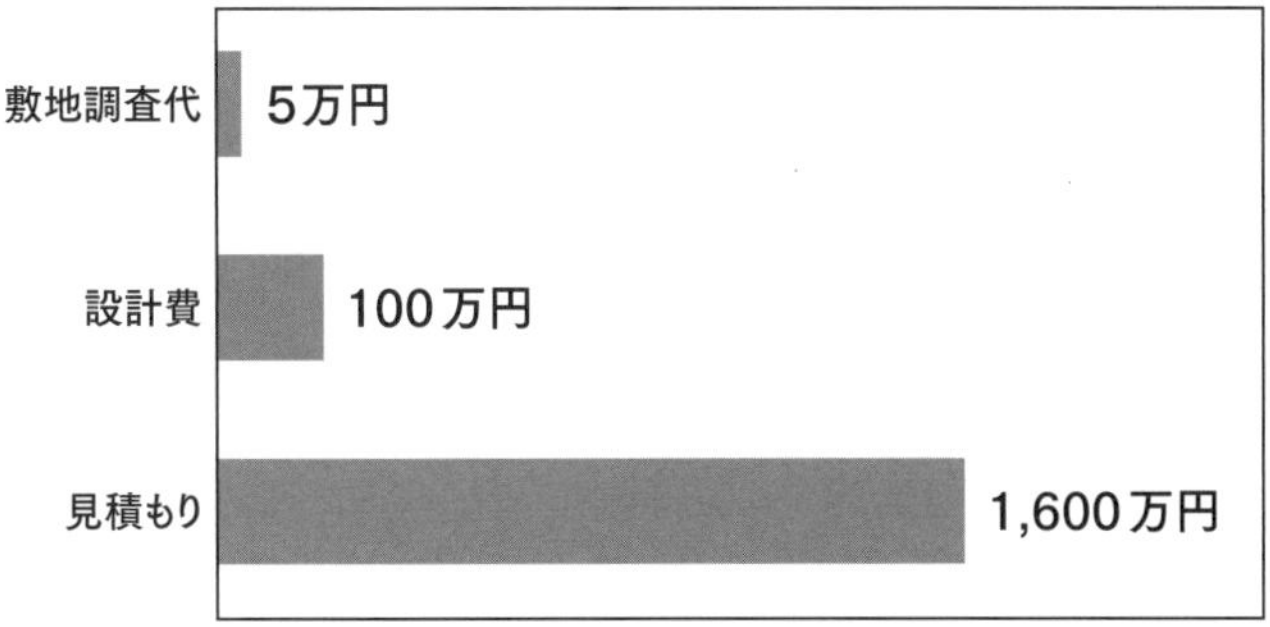

【無料でサービスを受けていた場合】

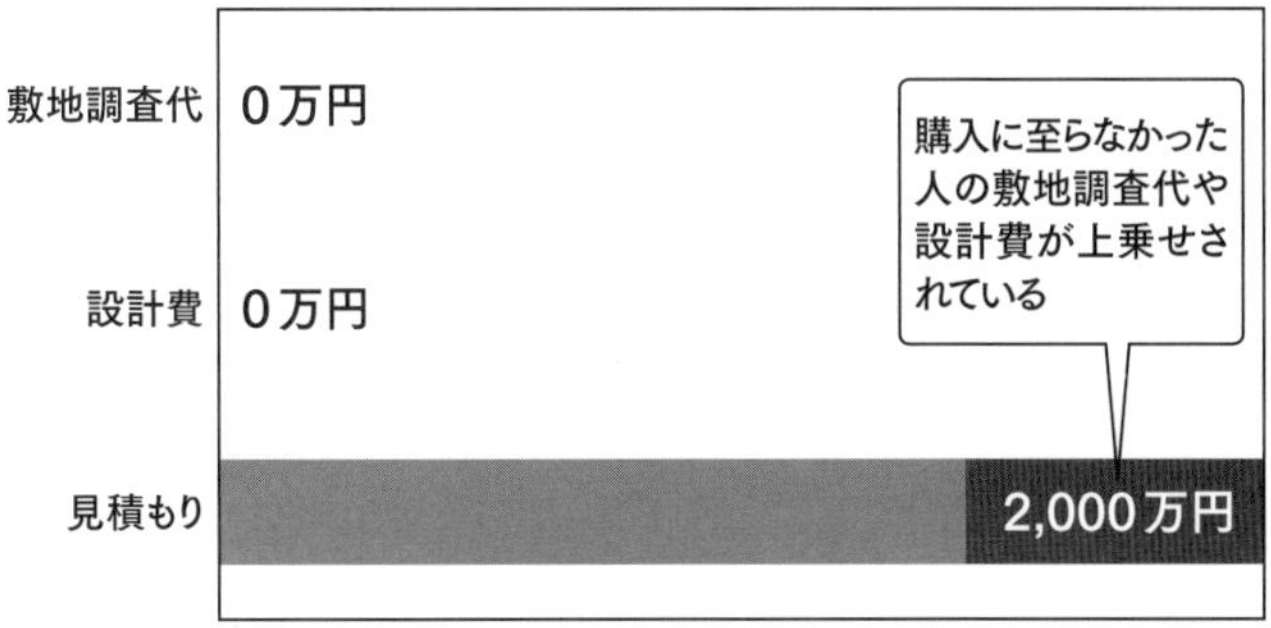

住宅会社の営業担当者は1組の契約を獲得するために少なくとも10組、場合によっては20組以上の見込み客との間でやり取りをしています。つまり、結局は契約をしない十数組分のサービスまでを含んだ費用を負担しているのです。無料プランなどのように無料サービスの範囲が広がれば広がるほど、実際契約した人の負担が大きくなるということになります。家づくり勉強会やセミナーで「こんな会社と契約するのは、自分からババを引くようなものですよ」とお話しすると、ドキリとして顔を見合わせるご夫婦が必ずいらっしゃいます。「あの方たちは、いまどこかで無料のプランを書いてもらっているんだな」と、すぐにわかります。

無料サービスが住宅価格を押し上げる

本来、敷地調査やプラン作成の費用は、その都度依頼主が支払うのが通例でした。ところが、契約をするきっかけをつくるために、親切なふりをして「うちはタダでやりますよ」という会社が現れたため、追随する会社がどんどん増えてしまったのです。そのせいで、日本の住宅価格は、諸外国と比べてずいぶん高くなってしまいました。

日本の住宅価格が高い原因は、たくさんあります。そもそも材料費が高いこと。材料の流通経路が、複数の問屋を経るなど複雑なため、積み重なった中間コストが販売価格を押し上げているのです。ただし、最近はインターネットでメーカーと直接取引することで中間流通業者コストを削減して材料費を抑える工夫をしている住宅会社も現れています。

住宅会社は「個人完結型」のほうがおトク

現場の人手不足で人件費が高騰していることも、住宅価格の上昇の一因です。その上、気づきにくい点ですが、他人のコストの負担もあるのです。

契約に至らなかったとしても、途中までかかった経費は本人が払うべきものです。そこで最近は、実費分を請求する住宅会社も出てきました。無料プランのほうがおトクだと思いがちですが、明朗会計で実費負担の「個人完結型」のほうが、あるべき姿ではないでしょうか。何より、他人の経費を支払わなくていいのだから、最終的な価格も安くなるはずです。

23

20年や30年の長期の保証がついているほうが安心できる？

1000ページでご説明した通り、2000年に「住宅の品質確保の促進等に関する法律（品確法）」が施行されました。「構造上主要な部分」と「雨水の浸入を防止する部分」の二つについて、住宅会社は建築後10年間の瑕疵《かし》担保責任を負い、無償補修や賠償に応じなければならないと義務づけられたのです。

建てた住宅会社が10年後に倒産していると困るので、2008年には「特定住宅瑕疵担保責任の履行の確保等に関する法律（住宅瑕疵担保履行法）」ができました。住宅会社が住宅瑕疵担保責任保険に加入することで、たとえその会社がなくなったとしても、消費者は必要な修補や賠償を受けることができます。

なお、2020年4月の民法改正では、「瑕疵」という言葉が民法からなくなり、代わりに「契約不適合」という言葉が使われるようになりました。契約不適合とは、「引き渡された目的物が種類、品質または数量に関して契約の内容に適合しないものであるとき」（改正民法562条）を意味します。つまり、何が「契約の内容」なのかをしっかり確認することが重要です。さらに、契約には変更がつきものという前提で考え、変更が生じたときには、変更契約書や覚書、合意書、打ち合せ記録などの書面による合意を住宅会社と取り交わしておくことが必須になります。

2000年以前は、建てたあとに発生したトラブルに関して住宅会社は責任を問われなかったことを思えば、消費者を保護する仕組みは大きく進展しています。それらの影響で地盤改良工事が普及しましたし、メンテナンスに関する意識も向上してきたといっていいでしょう。

車と同様、家も定期的に点検することで寿命が延びる

住宅は、建てたあとの手入れが不可欠です。自動車には車検制度があって、2〜3年に1回は整備を受け、劣化している部品を入れ替えるよう、法律でオーナーに義務づけています。ところが住宅には、法的な「家検」がありません。オーナーが自発的

に行わなければならないのです。

定期的に点検をして、不具合が生じる前に修理や改良のメンテナンスを施せば、住宅の性能を維持し、寿命を延ばすことができます。外壁や土台にひび割れが入ったり、雨漏りやシロアリの被害にあったりしてしまう可能性もありますが、定期的に点検やメンテナンスをしていれば防止することもできます。地盤の傾きや沈みは、3年に1回くらい調べておいたほうがいいでしょう。メンテナンスには一定のお金がかかりますが、「損して得取れ」とはまさにこのことです。

メンテナンスの記録が家の資産価値を守る

住宅の資産価値を金額に換算するものだと考えれば、ある日突然誰かに貸すとか、ある日突然売らなければいけなくなったとき、何も手を入れずボロボロになっている住宅は、自分が思っているような値段では評価されません。しかし同じ年数が経っていても、手入れさえしていれば、資産価値は上がるのです。

宅地建物取引業法（宅建業法）の改正で、住宅の履歴は重要な説明事項と定められました。中古住宅の取引において、住宅履歴情報がある場合はきちんと説明するように決められたのです。住宅の履歴を記した書面が、117ページでもお話しした家歴書です。これから先は築年数に関わらず、図面も家歴もメンテナンス記録も残っていない家は、昔の家だとして市場で区別され、評価は低くなります。反対にメンテナンスの記録は、取引上の価値に反映されます。

10年後の家の価値を決めるのは住宅オーナー自身

先進的なユーザーはすでにそこに気づいていますが、残念ながらすべての住宅オーナーがそうではありません。10年後の自分の家の価値を上げるか下げるか、決めるのは自分だということに気づいてください。持っている資産の価値を高めることが当たり前にできる人こそ、賢い消費者なのです。

優秀な住宅会社は、メンテナンスを行う大切さをさらに啓蒙する必要を自覚していますし、定期的な点検やメンテナンスをより長期的に、確実に実行しています。ただし、ホームページに明確なメニューが書かれていなかったり、契約までの過程で説明がなかったりした場合は要注意です。〝何かあったら対応します〟は何もしてもらえないことを意味すると言っても過言ではありません。

長期保証は本当に消費者にやさしいサービスか？

新しい法律の施行にともなって、いろいろな制度を設ける住宅会社も出てきました。代表的なのが、20年や30年といった長期にわたる保証サービスです。法律上の瑕疵担保責任は10年ですから、一般的な瑕疵保険は10年です。ところが20年、場合によっては30年もの間、住宅会社が独自に保証するというのです。

一見すると、消費者に寄り添ったサービスのように見えます。ところが、契約書を細かく読んでいくと、さまざまな条件が付与されていることがわかります。よくあるのが、建ててから10年後にその会社がメンテナンスを行わないと、以後は保証が延長されないという仕組み。しかも、10年目のメンテナンス時に、場合によっては会社が指定した修繕工事をしなければいけないと書かれていることもあります。もちろん、料金は住宅オーナーの負担です。このように、実態は消費者にやさしいサービスからはかけ離れているのです。

ちなみに、こうした保証サービスが何を保証しているのかといえば、自分たちが提供した定期点検の結果に対する保証だといえます。例えば、地盤を定期点検した結果、傾きがないと結論づけたのに、その後、傾きが生じていることが判明したときは保証されます。ただし、点検していない部分に出た不具合については、適用されることはないというわけです。

本当なら、長期保証がついた家を買った人は、設定された期間の保証をタダで手に入れたと安心するはずです。正確には「今後もお金を払ってくれるならバックアップします」というシステムなのに、誤解を与えています。こんな見せかけだけの20年保証や30年保証が、最近とても増えています。

10年保証に対応できない住宅会社もある

そもそも法律で定められている10年の保証でさえ、対応できる体制を整えられていない住宅会社も少なくありません。雨漏りなど急なトラブルが起こったとき、大手ハウスメーカーなら24時間365日の対応が可能です。しかし個人経営の工務店だと、夜中や休日には電話がつながらず、処置が遅れてしまうこともあるでしょう。こうした緊急時の体制も住宅への安心の一部だと考え、外部業者と連携するなどして24時間受け付けをする住宅会社も現れています。

また、点検やメンテナンスなどに関しても自社で対応しきれない場合、住宅オーナーのことを真摯に考えている会社は、第三者機関に委託することで体制を整えているケースも多く見られます。

このようなサービスは、すべてお客さまの大切な住まいの資産価値を守るためであることはいうまでもありません。そして、家の資産価値を守れるかどうかは、家を建てるときの住宅会社選びに大きく左右されます。

住宅会社との付き合いは、家を建てるまでの半年から一年だけと思いがちです。しかし、現実には家を建てたあとも、数十年のお付き合いが続くのです。むしろ、家を建ててから本格的な付き合いが始まるといえます。住宅会社選びは、あなたの大切な住まいを末長くともに守っていく大切なパートナー選びだと考えなければいけません。

第5章

土地や建物以上に重要!? マイホームを建てるために欠かせないお金の話

「マイホームが欲しい」。そう望む人にとって、最も大きな壁となるのが、お金。家は人生で最大の買い物、とよく言われるように、住宅建設には多額の資金が必要になります。家を建てるにはどのくらいのお金が必要なのか、そしてそのお金はどのように用意すればいいのか。本章ではマイホームを建てるために欠かせないお金にまつわるさまざまな側面について、詳しく解説します。

24

「マイホームを買いたい」その夢の前に立ちはだかる最大の壁

前章まで、住んでトクする家の条件や、安心して仕事を任せられる住宅会社を選ぶポイントについて解説してきました。

よい家をよい住宅会社に建ててもらうために、欠かせない条件があります。それが建築資金＝お金です。

自分には、いくらの家が買えるのか。

住宅ローンはいくらまで借りることができ、毎月いくらだったら返済が可能なのか。

頭金は、どのくらい用意すればいいのか。

誰でも不安に駆られて当然です。左の図に示した国土交通省の調査（平成30年）でも、資金の問題がマイホーム入手の最大のハードルになっている実態がわかります。

このハードルを上手に乗り越え、希望通りの我が家を手に入れられればいいのです

マイホーム入手のための最大の課題は「お金」

持ち家への住み替え意向をもつ世帯が何を課題と感じているか尋ねたところ、1位は断トツで「予算の不足」に起因する回答でした。

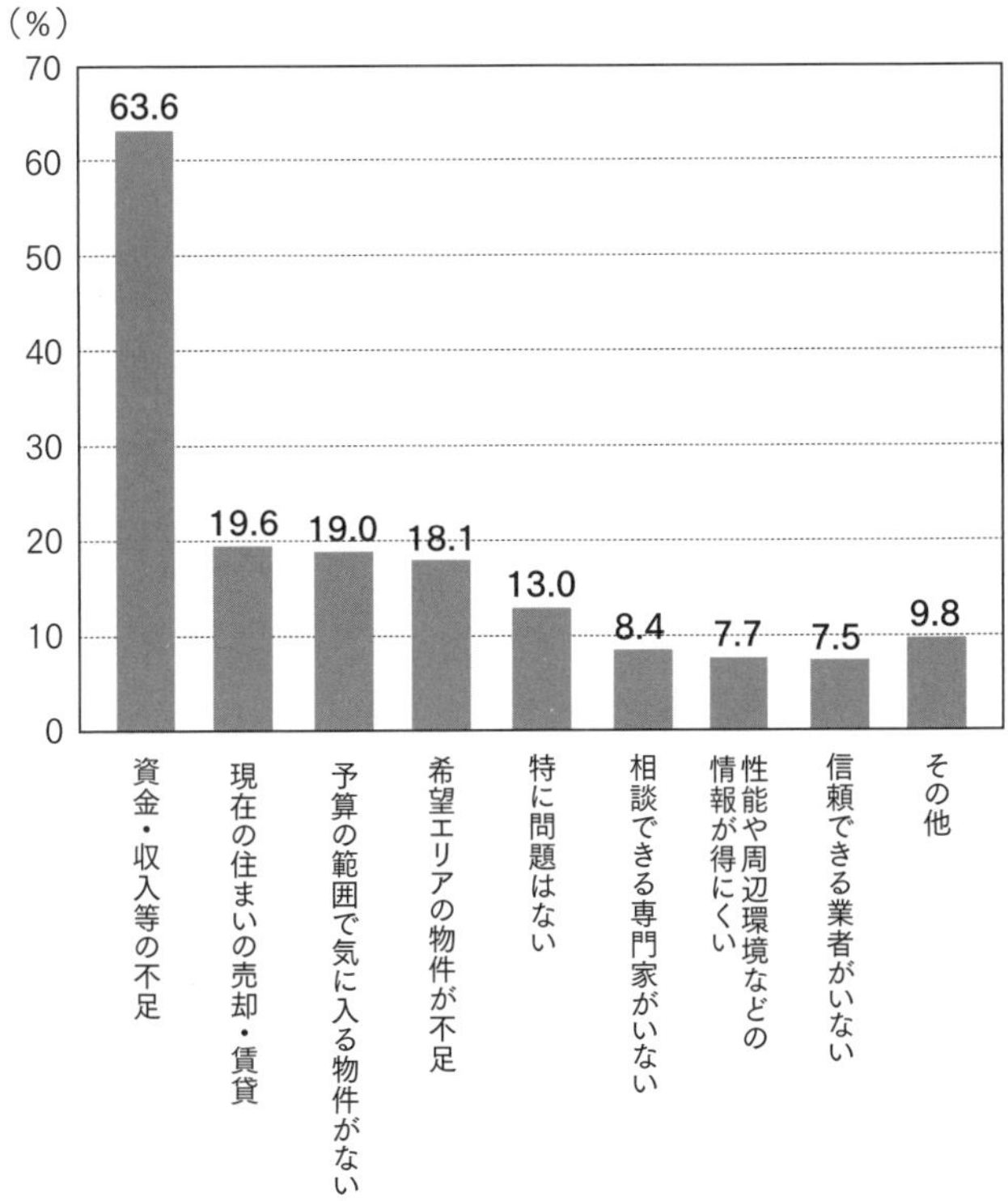

【出典】『平成30年　住生活総合調査結果』(国土交通省住宅局)より抜粋

が、つまずいてしまう人も多いのが現実。少し極端な事例になってしまいますが、マイホーム入手に失敗するパターンを紹介しましょう。

資金計画が失敗するパターンとは？

マイホームを建てようと考えているAさんは、「土地がないと始まらない」と考え、まず土地を押さえようと、いい土地を求めて不動産仲介会社を回っていました。やがてそのうちの1社から、こんな連絡が来ます。

「いい土地が見つかりました。30坪で1200万円です。これはすぐ売れてしまいますから、早く買い付けを入れたほうがいいですよ」

買い付けというのは、購入意向の書面を出すこと。売主さんとの交渉の後、首尾よく契約の運びになりますと土地代金の決済日を決めることになります。

Aさんは、ここで問題に直面します。この時点での自己資金は500万円。自己資金だけでは土地代金を決済することができません。

足りない分は住宅ローンを借りることになるわけですが、この段階では、まだ住宅ローンを借りることができません。住宅ローンは基本的に、土地と建物を合わせて審査することになっているからです。ここからAさんは忙しくなります。購入予定の土地に合った建物を建ててくれる住宅会社を探し始めることになります。

ローンで希望通りの金額を借りられないと……

住宅会社がようやく決まり、高性能の住宅を建てるプランが固まります。建物の建築に1800万円。諸経費が500万円。土地代の1200万円と合わせると、総費用は3500万円になります。自己資金が500万円なので、Aさんは3000万円の住宅ローンを申し込みます。ところが、審査の結果、「2500万円しかお貸しできません」と言われてしまいました。500万円のショート（資金不足）です。困ったAさんは、まず不動産仲介会社に掛け合いました。

「予算が足りないので、土地代、何とか安くしていただけませんか？」

「残念ながら、それは無理です。売主さんが承諾しないでしょう。次に待っている購入希望者がいらっしゃるので、その方に順番をお譲りしてください」

すげなく断られたAさんは、今度は住宅会社へ。

「建物1800万円で見積もりをいただきましたが、500万円安くできませんか?」

建物の場合は大きさや仕様を変更すればいいのですから、価格の引き下げはもちろん可能です。ただし、性能とのトレードオフを前提として、という話です。

資金計画のつまずきで、すべてが台無しに

「断熱材を変えますか? サッシも安いのにしましょうかね」とグレードダウンを重ねて予算を削り、何とか念願のマイホームは建ちました。Aさんは、ようやく胸をなでおろしたのです。ところが、コストダウンのために断熱性と気密性を犠牲にしたおかげで、光熱費がかさみます。室内はいつも湿っぽく、壁の中は結露でいっぱい。30年後には寿命が尽き、結果的に建て替えです。これでは、なんのために苦労してマイホームを手に入れたのかわかりません。Aさんの失敗の原因は、資金計画でのつまずきでした。しかし、どこがいけなかったのでしょうか?

それは、住宅建築の順番を間違えてしまった、最初に土地を買おうとしたことにほ

かなりません。

家を建てる資金計画では、三つの意思決定が必要になります。どの土地を選ぶか、どんな建物を建てるか、いくらの資金をかけるか、です。このときに大事なのは、意思決定の順番です。

住宅資金はまず「総額」を考えることから始める

まず何よりも先に決めるべきことは「今回の家づくりで総額いくらの予算をかけるのか」という、「予算の総額を確定させること」です。次に決めることは建物の広さや性能、グレード、仕様などです。それらがいくらかかるかを確認し、予算総額から希望の家にかかる諸経費込みの予算を引いて、残った金額が土地にかけられる予算です。

総予算－建物予算＝土地予算。これが正しい家づくりの公式です。もう一度順番をいうと、まず予算、次に建物、そして土地です。この順番を守らなければ、建物で予算を調整することになり、往々にして性能が犠牲になった「安かろう悪かろう」の家を建てることになってしまいます。これが建てたあとに後悔する典型的なパターンです。

前項で紹介したAさんは、まず土地を買おうとしました。その結果、建物が土地の価格に左右されてしまい、建物の性能にしわ寄せが及びました。住宅を建てる際に、「まずは土地から」という人は実際に多いのですが、これは失敗のもとです。総額、建物、土地の順を間違えてはいけません。土地にいくら、建物にいくらと考えるのは後回しにして、今回の家づくりに合計いくらの予算で臨むのか、まず総額を割り出すのです。

家づくりの総額の算出法

総額を割り出す手順の第一は、自己資金の確定です。貯蓄のうち、頭金に注ぎ込める金額。あるいは、親からの援助の有無。いくら自己資金を入れることができるかをはっきりさせます。次に銀行で住宅ローンの事前審査を受けます。その上で、その住宅ローンの金額が返済に無理のない範囲かどうかも考えます。そうして決まった自己資金＋住宅ローンが家づくりの予算となります。

事前審査は、本来は購入する土地と建築する建物の金額が定まった段階で受けるの

失敗しない住宅の予算配分の考え方

住宅の予算を考えるときは、まず総額を決め、そこから諸経費と住宅価格を差し引き、残った予算で土地を買うと、あとあと困った事態に陥らずに済みます。

【総予算3,000万円での予算配分の一例】

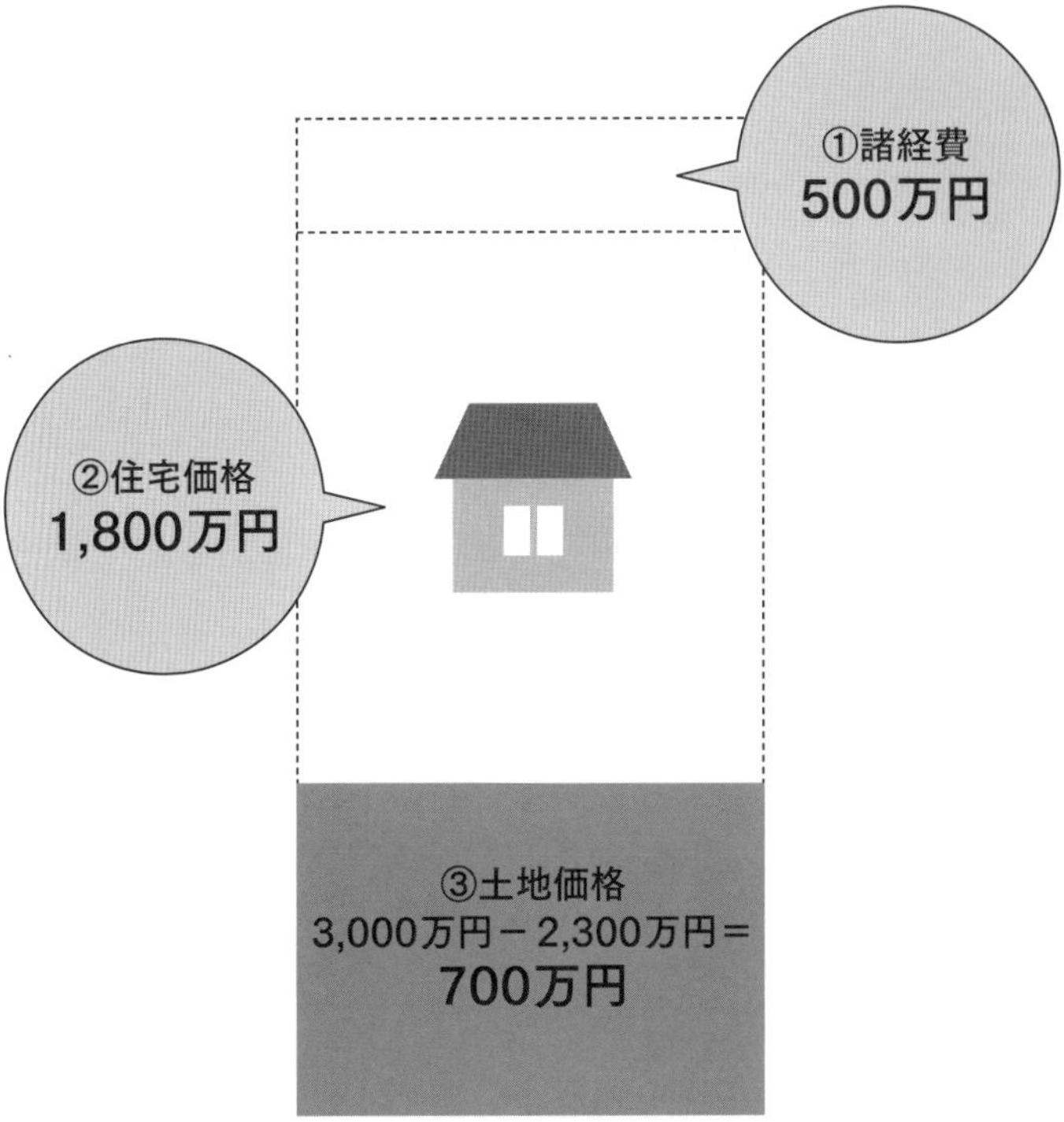

ですが、その前の段階で仮に審査を受け付けてくれる金融機関もあります。早めにどれくらいの金額の住宅ローンを借りることができるのかがわかっていれば、予算の計画が立てやすくなります。

例えば、Aさんにならい、自己資金が500万円で、審査の結果ローンの上限が2500万円だとすれば、資金の総額は3000万円となるわけです。

土地より建物の予算を優先する

次の手順は、建物のプランづくりです。まだどこの土地を買うか決めていない状態でも構いません。建物にいくらかけるか次第で、土地にかけられる金額が変わるからです。結果的に建物にかける予算を削ってしまったAさんのように、快適ではない思いをしながら住み、高いランニングコストをかけ、なおかつ30年後に建て替えなくてはならなくなるような住宅を建ててしまっては、本末転倒です。快適に長く住めて資産価値の落ちない住み処を手に入れるには、性能に妥協しない建物が欠かせません。建物にかける予算も、妥協してはいけません。

建物に1800万円かかり、諸経費や付帯工事費などに500万円かかるとすれば、合わせて2300万円。総予算が3000万円だとすると、残りの700万円が、土地にかけられる金額です。この予算内で買える土地を探さなければいけないことになります。

Aさんの失敗は、資金計画の順序が反対だったために起こりました。予算をしっかり決めずに動き始めると、「1200万円でいい土地がありますよ」と言われて飛びついてしまい、大切な建物で妥協する羽目になりかねないのです。

25

建物にかける予算には妥協してはいけない

土地と建物と予算について意思決定をするときに大事な心構えは、三つすべての条件が満たされることはない、ということです。土地は駅近で、便利な上に住環境もいい。建物は広くておしゃれで高性能。しかも総予算が安い、などという好条件はありえません。

土地も最高条件、建物も最高レベルだったら、予算は必然的に高くなります。資金に限りがある以上は、土地を優先するか建物を優先するか、意思決定が必要です。そのとき土地を優先するなら、建物はローコスト住宅で手を打ったり、郊外の安マンションや中古住宅を選んだりすることになります。土地を優先して建物で妥協することをおすすめできないのは、これまで述べてきた通りです。住み心地やランニングコストは、建物によって全然違うからです。

もちろん、土地に対しても譲れないポイントというのは誰しもお持ちだと思うので、すべてを妥協することをすすめているわけではありませんが、土地はほどほどに、建物の特に性能を妥協することはないように、というのが私たちの願いです。

住宅購入の公式は「総予算－建物予算＝土地予算」

予算の範囲内で選ぶべきなのは、土地です。住む街は、住めば都というように、長く暮らしているうちに愛着がわいてきます。しかし、建物に関しては、住めば宮殿というわけにはいきません。

「総予算－建物予算＝土地予算」は住宅購入の公式です。でも、多くの人はそれを知らないので、土地にかけていい予算がわからず、選択基準も持たないまま、とりあえず土地から探し回っています。そんな人ほど、「おトクですよ。立地もいいし、予算の範囲内です」と不動産会社にすすめられると、たちまち手を挙げてしまいます。

Aさんのようにならないために、まず総予算を決め、次に建物。残ったお金を土地に回す。この原則を忘れてはいけません。

26

家の表面上の値段に振り回されていませんか？

セミナーなどでお金について話しているとき、「物件価格＝家の値段ではありません」と言うと、驚く人がたくさんいます。住宅にかかる金額は、実際わかりにくいものです。

例えば、建物が1800万円、土地が1200万円、合わせて3000万円の住宅を建てるとして、購入時にかかるお金、住み始めてからかかるお金、住宅ローンの利息の三つに分けて、およそいくらかかるのかを考えてみます。

●購入時にかかるお金

①物件価格――土地と建物の合計額です。建物には材料費、大工や職人の手間賃、現場経費と営業経費、住宅会社の利益が含まれます。

どです。

②**諸経費**――仲介手数料、各種登録費用、ローン保証料、火災保険料や地震保険料な

③**付帯費用**――屋外給排水工事、屋外電気工事、地盤改良工事、外溝工事など、建物本体以外の工事費用が含まれます。

④**各種税金**――消費税、不動産取得税、登録免許税、固定資産税などの合計です。

②から④を合わせると、物件価格の10~15%程度が必要になります。

値段が不透明になりがちな注文住宅

建売住宅のよいところは、最初からこれらをすべて含んだ価格を提示していることです。つまり、値段がシンプルでわかりやすい。

一方、注文住宅の場合、建材や工法のオーダーによって単価が上乗せされていくために、「これが総額です」と最初に明確な金額を提示できず、不透明になりがちです。

例えば「坪単価は40万円です」というときも、その中には付帯工事の金額は含まれていないのが一般的です。

●住み始めてからかかるお金

①メンテナンス・修繕費用――300万〜1000万円。前述した通り、住宅の性能によって、長く住むほど大きな差がついてきます。

②光熱費――右と同様、省エネ性能の高い家ほど、おトクです。

この二つは家の性能によって大きく左右されるので、合計金額を計算することはできません。しかし長く住めば、購入時に必要なお金よりも大きな金額になることが十分あり得ます。

●**住宅ローン利息**　ローンの年数と金利によりますが、35年ローンで金利2％だとすると、元本3000万円に対して、利息は1180万円になります。

物件価格＝家の値段ではありません。購入時にかかるお金、住み始めてからかかるお金、住宅ローン利息まで含めた総額が、本当の「家の値段」なのです。

住宅会社を坪単価で比較している人がいますが、実はまったく意味がありません。建築価格を面積（坪）で割った坪単価には、建築価格の中に何を含めるかという決ま

物件価格は「家を手に入れるために必要な金額」ではない

マイホームの価格は、イコール家の値段だと思われがちですが、それだけでは家の本当の価格はわかりません。購入にともなう諸経費や税金、建築後のローンの利息やメンテナンス費用なども含め、トータルで考える必要があります。

【本当の家の値段とは】

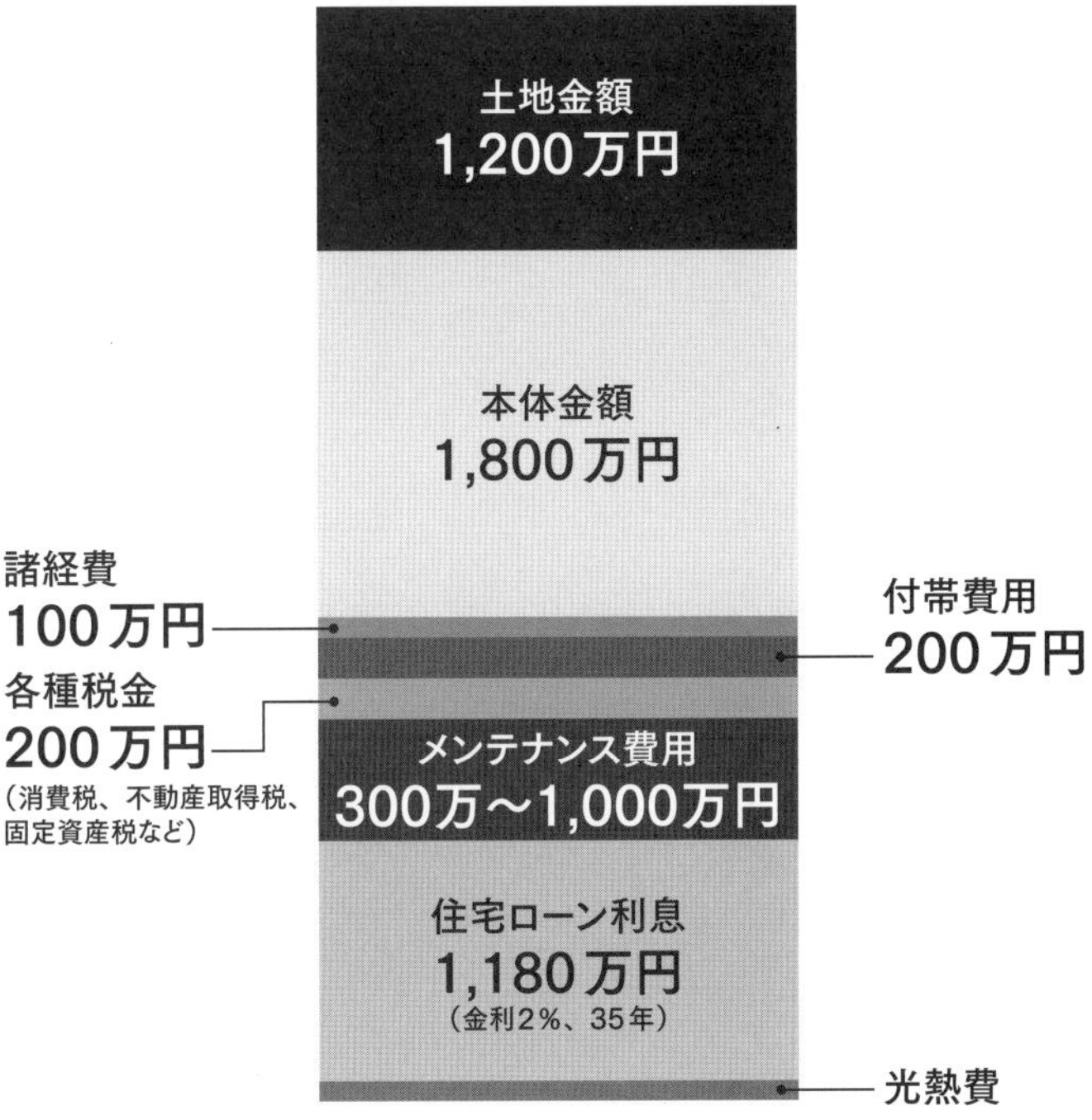

りが何もないのです。したがって、下げようと思えばいくらでも下げられます。

例えばローコスト住宅が提示する非常に安い坪単価は、基本的に屋根と壁とドアをつけただけの状態で割り出しています。キッチンどころか、お風呂やトイレまでオプション扱いになっているケースもあります。

安く見せるテクニックにだまされない

「1200万円台で家が建ちます。坪単価40万円です」という会社のチラシをよく見たら、アルミサッシが標準でオプションにアルミ樹脂複合サッシと書いてありました。最低限快適に住める状態にするために必要なものをすべてプラスして計算してみると、結局は坪60万円くらいになってしまいました。

坪単価を比較しながら住宅展示場を回る人がいますが、安く見せるテクニックで売る右のような住宅会社に出くわしてしまうかもしれないので、ぜひ注意していただきたいですね。

値札だけ見ても、家の価値はつかめない

住宅建設の世界では、広告などに付けられた値札だけを見ても、その本当の価値を推し量ることはできません。

例えば、1800万円で性能の低い家と、2000万円で高断熱・高気密でZEH仕様で太陽光発電がついて耐震等級の最高位であるランク3の家があるとします。どちらが本当の意味で割安でしょうか?

差額が200万円なら、後々のメンテナンスやランニングコストを考えると、圧倒的に後者が安いといえます。10年かからずに差額が逆転するだけでなく、耐用年数も違います。前者は30年後に建て替えか大規模なリフォームが必要になるでしょう。一方、後者は50年は保つでしょう。

しかし、大多数の人はそこまで考えが及びません。2000万円と1800万円を比較して、「200万円も安い!」と目の前の価格に踊らされてしまいがちです。

部材のグレードに目を向ける

価格で問題なのは、総額から割り出す坪単価ではなく、重要な部分に使う部材のグレードとその価格です。第一に、基礎断熱、屋根断熱、壁断熱などの断熱レベル、サッシとドアの断熱性能レベル。住宅の断熱性能はこれらで決まりますから、どんな性能水準の部材が使われるか知ることは大切です。

床材や内装の仕上げ材、外装仕上げ材においてはその質感や機能性、耐久性、メンテナンス性など、さまざまなバリエーションがあるので価格も踏まえながら、みなさんにとって一番価値ある素材を選んでいただきたいものです。

耐震を考えれば構造も気になる要素です。耐震強度はどれくらいの水準なのか。住宅会社からそのあたりを細かく聞き、総額を出してもらうことです。諸経費や付帯工事も、すべて金額を出してもらうように頼みましょう。

部材のグレードや価格などは、インターネットで検索すれば、ある程度は調べることもできるし、住宅会社に直接尋ねてみてもいいでしょう。住宅会社を信頼するのと、すべてお任せにするのとでは意味が違います。その値段が何を指しているのか、素人といえども敏感になるべきなのです。

節約していい部分といけない部分を見極める

予算との兼ね合いでいえば、削っていいところと絶対に削ってはいけないところがあります。基礎や柱、断熱材、屋根などは、あとから取り替えることができません。耐震性能や断熱性能など、家族の命や住み心地、健康などにストレートに影響する部分のコストは落とすべきではありません。

住宅では、見えない部分にお金をかけることが大切です。柱、壁の中、屋根裏、床下や地盤が、家族の命と健康を守ってくれます。そこにかけるお金を妥協してはいけません。キッチンや照明などの見映えは気になりますが、それらの設備はあとからでも取り替えることはできますから。

27

住宅建設では土地の「形のよさ」にこだわる必要はない

土地を購入するとき、その土地が高いか安いか、お買い得なのかそうでないのか、判断基準をどこにおけばいいのでしょうか。不動産会社の考える「いい土地」と、家を建てたいあなたにとっての「いい土地」は、必ずしも一致しないものです。

例えば、左ページの図のような二つの土地が売りに出ていたとします。Aの土地は、東南の角地にあって日当たり良好。2方向の道路に面していて、形もきれいな四角です。30坪で値段は1300万円だとしましょう。一方、Bの土地は北側道路で、区画の中に入り込んでいます。こういう形の土地を、旗竿地と呼びます。32坪で1000万円だったとします。Aに比べ、面積は広めで値段は安い。「どちらの土地がおすすめですか?」と不動産会社に聞けば、口をそろえて「A」と答えるでしょう。

悪い土地もプランニング次第でいい土地に

下のAとBの土地が同じエリアにあったとします。さて、あなたにとって、どちらがいい土地でしょう?

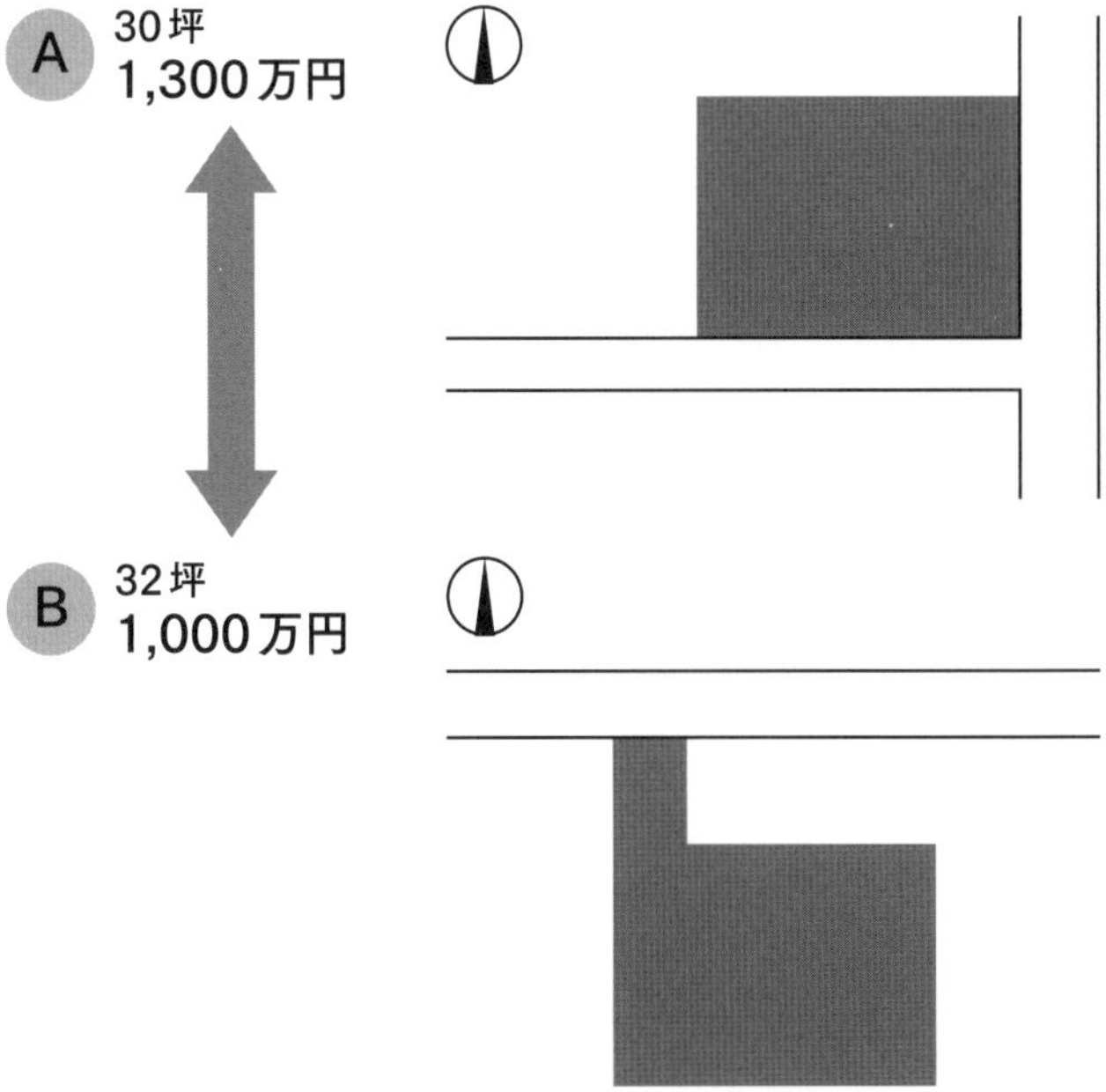

不動産会社がすすめるのは、不動産的に価値の高いAの土地です。しかし、Bの土地でもプランニング次第で十分「いい土地」に変貌します。Bを選んで土地購入にかけるお金を節約し、その分を建物に回すことで快適な住まいを実現することもできます。

一見、条件の悪そうな土地でも快適な住宅は建てられる

では、家を建てるあなたにとってはどうでしょうか。必ずしもAがよくてBがダメだとは限りません。例えば、Aを買ったら予算オーバーになってしまい、建物にかける予算を削らざるを得ない。一方、Bを住宅会社に見てもらったら、土地に見合ったよいプランをつくってくれて、建物を北側に寄せて日当たりも確保、南側にはプライバシーが守れる庭もつくれそう。そして建物は高断熱・高気密の快適な家が建てられる。そんな場合には、迷わずBを選ぶべきです。

2方向が道路に面するAの土地は、もしかしたら目隠しのために高い塀や大きな植木が必要で、自動車の騒音対策に遮音ガラスも入れなければならないかもしれません。例えば、店舗を建てる場合であればBよりもAの土地が優れているでしょう。しかし、あなたが買うのは土地だけではなく、「住まい」なのです。「その土地に住宅が建ったときにどうなるか?」を考えないといけません。

きちんと土地を見て注文住宅をつくっている会社であれば、旗竿地や三角形の土地

などでも有効にプランニングしてくれるはずです。

例えば坂の途中にある土地（傾斜地）も一般には条件の悪い土地と見なされますが、「この傾斜を使って景観を生かしましょう、それに合わせて二階はこういう構造に」というようなアイデアを提供することで、「条件の悪い土地だから安かったけど、建ててくれた建物がいいからすごく住みやすい」とお客さまに喜ばれる場合もあります。

不動産としての価値が低くても、悪い土地とは限らない

狭小地や変形地や傾斜地など、一般の不動産価値的にいうと悪い条件の土地はたくさん存在しますが、プランニング次第で快適な住宅になり得るのです。だからこそ、土地は土地、建物は建物と分けて考えるのではなく、まず住宅会社と話をして、予算を決めてから土地を一緒に探すべきです。

不動産会社で「このエリアで予算が900万円だと、変な土地しかありませんよ」と言われても、住宅会社の目で一つずつ見ていくと、「ここ、いいかもしれませんね」というケースが出てきます。ただし、ハウスメーカーや規格型のビルダーのように決

まったプランで住宅をつくる会社は、土地の形状によってはプランがはまらないこともあり、「この土地にはウチの家は建てられません」ということもありえるので、そういう会社と一緒に土地探しをするのはおすすめできません。

家づくりを考えるとき、土地の価値は、不動産としての評価がすべてではありません。Aの土地がBの土地より価格が高いことは公示地価にも表れるでしょうが、その価値と、住まいを建てる場合において必要十分で満足できるかどうかの価値は、別のものです。不動産としての評価は、私たちの主張している住宅の資産価値と同じものではないのです。

家づくりは、土地と建物と予算を一体で考えて行う大仕事です。住む人にとっていい土地とは、不動産評価が高い土地ではなく、予算の範囲内で最大限に快適な家を建てられる土地にほかなりません。

28 どれが一番おトク？ 後悔しない住宅ローンの選び方

予算総額を決め、建てる家を決め、土地を決めたら、最後に住宅ローンを選びます。ところが、実にさまざまな金利、さまざまなタイプのローンが用意されていて、どれがおトクなのか、どれが自分の収入や返済計画に合っているのか、初めてローンを組む方には判断がつかないと思います。住宅会社は提携している金融機関でローンを組むことをすすめたりしますが、必ずしもそれがベストというわけではありません。最もおトクな住宅ローンを、専門家やアドバイザーに相談しながら自分で決めればいいのです。

住宅ローンを選ぶときの目のつけどころはいくつかありますが、まず、金利のタイプと特徴に触れておきましょう。

変動金利型　メリットは固定金利型よりも低金利なこと。リスクは、まさしく変動すること。定期的に見直しがあって、金利が上下します。いま（2021年7月時点）は最低水準ですから、いずれは上がっていくはずです。当初の返済計画より負担が増えることも予想しておくべきでしょう。

固定金利選択型　全期間固定金利型よりも比較的低金利です。3年・5年・10年など一定の期間の金利が固定され、その期間が終わると、変動金利や別の固定金利選択型を選ぶことができます。

全期間固定金利型　返済の全期間を通じて金利は一定で、右の二つよりやや高めに設定されています。しかし返済額が明確かつずっと同じなので、将来の生活設計を立てやすいタイプです。

金利の変動に耐えられないなら、固定型がおすすめ

年配の人だと、35年もかけずになるべく早く完済したいという希望もあるでしょうし、所得や貯蓄に余裕があるために金利の上昇にも耐えられるでしょう。変動型を

選んだとしても、繰り上げ返済などで残高を減らしておくことができれば、金利が上がったとしても返済額はそれほど増えません。これは一つの考え方です。

反対に、金利の変動に耐えられない人には、固定型がいいでしょう。現在の収入からみて、ぎりぎりで返済計画を組んでいたり、まだ子どもが小さく数年後に教育費が本格的にかかり始めたりする家庭だと、そのタイミングで金利が上がると生活費のやりくりが厳しくなります。

「借り入れ可能な金額」と「返済可能な金額」は異なる

絶対に避けたい事態は、購入予算ギリギリで変動型のローンを組み、金利が上がって返済額が増えた途端に「返せません」とお手上げになるパターンです。返済計画が少しでも変わった瞬間に破綻するのなら、金利は少々高くても無理のない返済計画を最初に立て、その範囲内で家を買うほうが賢明です。特に若いご夫婦は、子どもが増えるなどライフプランが変わる可能性があることも、あらかじめ想定した上で返済計画を考えたほうがいいでしょう。

価格帯が高めの住宅会社ほど変動金利をすすめてくることが多いので、用心が必要です。高めの固定金利だと2500万円までしかローンが借りられない人が、いま低くなっている変動金利だと3000万円くらいまで調達できることもあります。

「3000万円までローンが借りられるのですから、2500万円の家ではなくて3000万円の家にグレードアップさせましょう」とくるわけです。こういう誘いに安易に乗ってしまうのは、非常に危険です。

住宅ローンの審査基準が緩くなっている

「借り入れ可能な金額」と「返済可能な金額」は、まったく違います。借り入れ可能な金額とは、その人の年収を基に金融機関が計算した、貸してくれる上限の金額です。年間返済額の基準を年収に応じて30～40％（これを借入限度率といいます）に設定して借り入れ可能額を算出しています。

35%という高めの借入限度率は、銀行からしてみると、そのうち給料が上がっていくことを前提にしています。

若い人がローンを組んだ時点では給料の35%かもしれませんが、いずれ年収が増えれば比率が下がるので、払っていけるでしょうという目算です。しかし昨今、住宅ローンの返済期間である35年もの間、順調に給料が上がり続けていくのは、相当恵まれた人に限られるでしょう。

自分の「返済可能な金額」を知る

低金利で貸出先が少ないこの時代、銀行にとって住宅ローンは有望な資金運用法なので、いま住宅ローン市場では熾烈な競争が繰り広げられています。審査の基準や適用金利水準は次第に下がっています。

給料が上がりそうな有望な借り手、つまり20代後半から30代前半くらいの若い人、しかも職業が公務員や一部上場企業の会社員などの身分が安定した人などに対しては、借入限度率は甘くなります。

ご主人が年収500万円で奥さまが年収300万円の夫婦の場合、世帯年収は800万円ですから、夫婦合算で借入限度率35％、審査金利を3％とすると、計算上は、6000万円くらいまで貸してくれる可能性があります。問題は、その金額は返せる額なのかということです。

金融機関は熱心にローンを貸そうとします。しかし、借り手側は、自分の「返済可能な金額」がよくわかっていない人が少なくありません。言い換えれば、自分の家計をしっかり把握できていない人が多いのです。

例えば、年収総額の中からいくらを税金や社会保険料として支払い、食費などの生活費にいくら、教育費にいくら、レジャーにいくら、生命保険にいくらかけ、その上で住宅ローンをいくら支払っていけるのか、そういったことに考えが及ばないのです。しかもこの先、子どもが大きくなるにつれてどれだけ生活費と教育費が増えていくのか……。

家計の状況と、いまの金利と返済可能年数から、自分なりの「返済可能な金額」を

住宅購入前にライフプランをつくろう

家族構成や住宅購入の条件を踏まえ、家計の収支の推移をシミュレーションすることで、住宅ローンの返済計画や老後の人生設計を考える際の参考にできます。

【家族構成】

世帯主	33歳　男性
配偶者	30歳　女性
子ども	5歳

【現在の住まい】

賃貸住宅（家賃7万円）

【現在の貯蓄額】

現預金・株など（不動産を除く）
600万円

【住宅購入の条件】

購入時期	3年後（世帯主36歳）
物件価格	2,800万円（諸経費5％）
資金調達	自己資金300万円 住宅ローン2,500万円 返済期間35年 借入金利2％固定

【収入推移の想定】

世帯主年齢	世帯主収入	配偶者収入
33歳〜	400万円	100万円
41歳〜	450万円	90万円
51歳〜	500万円	80万円
61歳〜	0万円	0万円
71歳〜	0万円	0万円

※年金収入を除く

【子どもの教育プラン】

現在5歳　幼稚園から高校まで公立に通い、大学は私立・文系で下宿

【家計のキャッシュフローの推移】

※現在の貯蓄額を基準に、今後の収入と支出を予測してキャッシュフローの累計の推移を示しています。

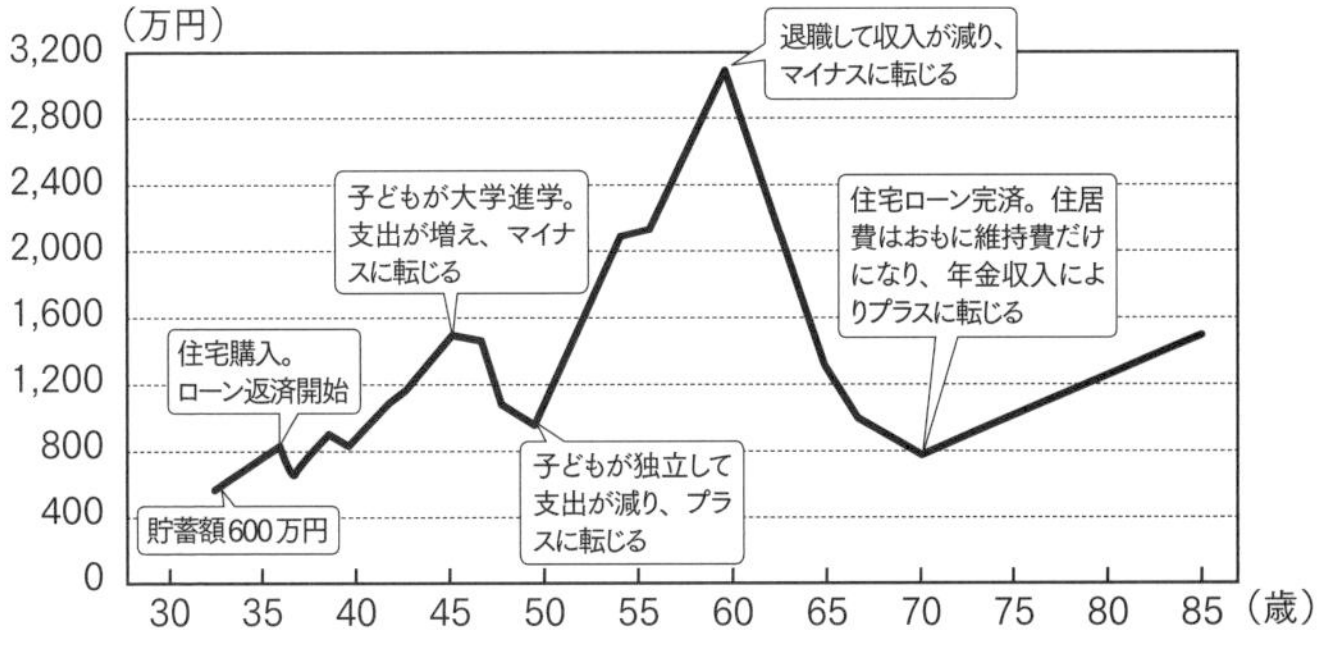

割り出してみましょう。それが本当のあなたの「借りていい金額」です。

将来を見据えた資金計画をつくる

私たちは、家づくりの予算を考える際に「将来にわたるライフプランをつくりましょう」と提唱しています。夢のマイホーム計画が、自分たちの将来の暮らしや子どもの教育計画のマイナスにならないかを確認するためです。183ページの表のように将来にわたってのシミュレーションを行えば、長い人生においてライフステージごとに、貯蓄ができる時期やお金が出ていく時期があるということがわかります。しかし、どんなときでも住宅ローンは払い続けなければならないのです。

家を建てるときの正しい住宅ローンの額とは、「年収から割り出した借りられる金額」ではなく、「家計の収支から割り出した返済できる金額」のことです。ライフステージが変わったとしてもいくらなら支払い続けることができるのか、老後に至るまでの暮らし方をイメージしながら考えましょう、という提案がライフプランです。

そもそも資産価値の高い家づくりは、長期間にわたって光熱費を抑えたり家族の健康を考えたりと、将来を見据えてのものです。資金計画においても同じように、いかに先を見通すかが重要なテーマなのです。

29

注意！「頭金神話」に惑わされてはいけない

かつて「2割の頭金を用意できないうちは、家を買うべきではない」「頭金は多く、ローンは少ないほうがいい」といった「常識」がありました。しかしいま、これらは神話となってしまいました。長く続く低金利の影響です。

2016年1月に日銀がマイナス金利を導入して以降、住宅ローンの金利はさらに低い水準に入りました（2021年7月時点の最低金利：1・33％ ※返済期間21年以上35年以下、融資率9割以下の場合）。金利が低い分、支払う利息は少なくてすみます。するとと同じ額を返済しても利息支払いが少ない分、元本の減りが早くなります。

「頭金を貯めるのに歳月を費やすより、さっさとローンを組んで家を建て、さっさと元本を返したほうがいい」

これが低金利時代の新たな「常識」です。金利が低いということは、貯蓄で頭金を増やそうにもなかなか貯まらないことも意味するのです。

ローンの返済額は金利変動の影響を大きく受ける

頭金がないうちは家を買ってはいけないというのは、金利が高い頃の常識でした。例えばバブルの時代、誰もが給与の天引きでやっていた住宅財形には、3〜4%くらいの金利がつきました。

貯めやすい上にインフレでしたから、10年も貯金を続ければ家を買うための頭金ができました。その代わり、住宅ローンの金利も5%以上でしたが……。

試しに、いま（金利1・3%）と30年前のバブル期（金利5・5%）で返済額にどれだけ違いが出るか計算してみましょう。4000万円のローンを組んだとします。

金利1・3%なら、利息はおよそ1000万円。返済総額は5000万円です。

金利5・5%だと、利息はおよそ5000万円、返済総額はなんと9000万円です。

利息が元本を上回っています。家よりも利息のほうが高いのです。家を2軒買うようなものです。

月々の返済で計算し直すと、1・3%だったら11万9000円。元利均等返済で、12万円のうち7万円くらいが元本の返済に回りますから、返済の進みが早くなります。

5・5%なら、月々の返済は21万4000円。しかも元本返済に回る分は、3万円ちょっとであとは利息です。

毎月17万~18万円も利息を払い続けて、元本はなかなか減りません。10年目には、すでに4000万円ほど払っているのに、ローンの残高はまだ3500万円くらい残っています。これが、高金利時代の住宅ローンです。

家を建てるなら金利が低い「いま」がおすすめ

この先の金利は、これ以上はあまり下がらないでしょうから、上がることを予想しておいたほうがいいかもしれません。金利は1%上がっただけでも総支払額は大きく変わります。3000万円のローンを組んだとき、金利が1%違うと支払い総額はおよそ700万円近くも変わってきます。

では、これから頭金をコツコツ貯めたとして、果たして何年で700万円を貯められるでしょうか?

苦労して数年後に何とか貯められたとしても、その間に金利が1%上がっていたらその苦労は無駄になってしまうのです。

そういう事情を総合的に考慮し、住宅購入はいつのタイミングがいいのかと考えれば、できるだけ早いほうがいいという結論に達します。

住宅ローンが家計を潤す?

住宅ローンには、税制面での優遇措置もあります。借金をすれば利息で家計からお金が出ていくのが普通ですが、いまは逆に、住宅ローンを組むと家計が潤うこともあります。「そんなことあるわけない」と思われるかもしれませんが、事実です。仕組みをご説明しましょう。

いま、住宅ローンを組んだ人には住宅ローン減税という所得税の還付制度がありま す。住宅ローンを組んだ当初の13年間（2021年現在）だけですが、住宅ローン残高の1％を限度としてその年に支払った所得税が年末に還付されます。例えば、年末時点で3000万円のローン残高があるとすると、その1％の30万円が還付されます（所得税を30万円以上支払っている人の場合。納付した所得税が30万円以下ならその額）。また、条件次第ですが、住民税からも還付されるケースもあります。

当初10年間のローン金利が1％以下の場合、ある程度の所得税を支払っている人だと、年間に支払うローン利息の額よりも、還付される住宅ローン減税のほうが大きい金額になる場合があります。こうなると、自己資金が多くある人でも、無理をして頭金を入れるよりも、むしろ自己資金は使わずにローン金額を多くしたほうがトクになることさえあります。

時間が経つほど金利上昇のリスクが高まる

昔よくいわれた「頭金は2割入れなきゃダメ」「ローンの総額は、小さいほうがいい」というのは、金利が高くて、返しても返しても元本が減らなかった時代では正しい考え方でした。

しかし、いまは銀行に預けていても預金に利息はつきません。頭金を貯めながら賃貸住宅に住んで家賃を払い続けているなら、その家賃の支払いとその間の時間の経過こそが大きな無駄です。ましてや金利上昇の可能性を考えると、時間の経過はリスクでもあります。

毎月コツコツ貯めるより、毎月コツコツ返済するほうがトクなのです。住宅ローン減税で所得税を返してもらえれば、さらにトクです。ただしこれも、あくまで低金利を前提にした、いまの常識です。

金利上昇の可能性を考える

もし、あなたが家を建てたいと考えていて、住宅ローンを借りることができる信用があるなら、極端な話かもしれませんが、頭金がほんの少ししかないとしてもいますぐ購入に踏み切るべきです。といっても、自分の所得や将来の生活設計を視野に入れず、最低金利がこのまま続くかのようなシミュレーションを前提に建ててしまっては、失敗します。あくまで返済に無理のない範囲で計画を立て、将来まで見据えて予算を組まなければいけません。

いつでも繰り上げ返済できる状態をキープ

かつての常識でいまは神話になっていることといえば、「できるだけ早く多めに繰り上げ返済すべき」というのもそうです。

35年のローンを組んでも、繰り上げ返済で早いうちに予定より多く返してしまえば、利息の支払いが軽減できるし、返済期間も短くなります。老後に多くの住宅ローンを残さないのは返済方法として一つのノウハウですから、金利の高い時代には早めの繰り上げ返済は大いに推奨されました。

しかし、繰り上げ返済をしすぎて家計の余裕資金がなくなるのは危険です。例えば、もし家族の誰かが大病したりして急な出費が必要にでもなれば、たちまち家計が厳しくなってしまいます。

ある程度の余裕資金は確保しておくべきです。そもそも昨今の低金利では利息負担は小さいので、無理に急いで返す必要はありません。しかも当初13年は住宅ローン残高に応じて還付される減税制度もあります（2021年度時点。今後、制度が変更される可能性有）。それよりは、いつでも繰り上げ返済できる状態で貯蓄しておくほうがいいでしょう。繰り上げ返済できる余裕資金があるのなら、投資信託や確定拠出年金などに回して運用したほうがいいでしょう。

30 引っ越しまでのスケジュールを立てることで無駄な出費を避ける

最後に、家づくりを円滑に進める秘訣について、お話しします。

何となく家が欲しいと思い、住宅会社へ行ってみて「土地はお持ちですか」と尋ねられ「ありません」と答えたら、相手にされなかった。「じゃあ、土地探ししてみようか」と言いながら、ぶらぶらしているうちに3年くらい経ってしまう――こんな話をよく聞きます。

家づくりの検討を始めるきっかけには、社会的要因と個人的要因があります。

前項で触れたように、金利が低い、住宅ローンの減税制度が充実している、あるいは消費税率が上がる、好景気になって住宅関連の物価も上がる、など、家づくりを取り巻く社会環境は刻々と変わります。こうした社会的要因を受けて、家づくりの検討を始める人が、最近とても増えています。つまり、マイナス金利や住宅ローン減税の制度がある時期は、住宅取得の絶好のタイミングなのです。

「いま住んでいる賃貸マンションは手狭だし、家賃ももったいないしなあ」と漠然と感じている人が、こうした社会環境の変化が自分の家計にもたらす恩恵に気づいたり、まわりの人たちが買い始めたりしたことをきっかけに、「これは早いほうがいい」と真剣になるケースが多いのです。

引っ越しの時期から逆算してスケジュールを立てる

個人的要因というのは、結婚や転勤、お子さんの進学や進級などのきっかけです。いま幼稚園の年中で、再来年の4月から小学校。転校しなくてすむよう、その時期に新居へ引っ越したい、と考える人は多いものです。

例えば再来年の春休みに入居すると引っ越し時期を決めたら、そこから逆算して、家づくりのスケジュールを組み立てます。見過ごされがちですが、引っ越しまでのスケジュールづくりは、無駄な出費を防ぐための大切なポイントでもあります。

住宅が完成して引き渡しを受ける日にちが、住宅ローンの実行日です。そのタイミングで金利がどうなっているかも、とても重要です。個人的なスケジュールと、金利や減税制度といった社会環境の変化を両方考え合わせ、スケジュールを割り出す必要があります。

スタートから完成まで1年は見込んでおく

引っ越し予定日から、逆算してみましょう。建築の工期は、住宅会社によって異なりますが、だいたい2〜4か月程度です。その住宅会社が「工期は3か月です」というなら、4月初旬に引っ越すには、遅くとも12月末には着工する必要があります。「工事前の建築確認申請や設計の確認手続きに、1か月半みてください」という話なら、契約は11月中旬です。その前の打ち合わせに1か月半〜2か月くらいかかるとすると、打ち合わせを始めるには土地が必要ですから、8月中に土地を決めるスケジュールになります。土地を決めてから引っ越すまで、すべて事が順調に運んだとしても、8か月はかかる計算です。しかも土地探しは、それより前に取りかかっておかなければなりません。

住宅会社は、「引っ越しの時期はここだから、急いでやってくれ」と急に言われても対応できません。建材や働く人の手配が間に合わないからです。特に注文住宅の場合は、全部で1年かかるとみて、スケジュールをつくったほうがいいでしょう。

まずは資金計画を立てることから

ここでよくある行動パターンは、とりあえずハウスメーカーの住宅展示場へ行き、「高いな。自分には現実的ではないかもしれない」と悟って住宅雑誌などを購入し、希望のエリアにどういう住宅会社があるかを調べてホームページに問い合わせてみる、というもの。

しかし賢い消費者は、まず予算です。前述したように、この段階から住宅会社を何軒か回り、性能のいい家を建てている会社なのか、実績を確かめます。住宅会社と相談し、必要な性能と好みのデザインテイストの家を建てた場合の予算を踏まえて、総額の資金計画をしっかり立てます。無理のない予算で買えるかどうか相談に乗ってくれたり、建物の価格を丁寧に説明してくれたりするなど、親身な対応をしてくれるかどうかも見極めのポイントです。

住宅会社から適切なアドバイスを受ける

このタイミングで土地探しも始めます。この際も、住宅会社の目で候補地を見てもらうほうが確実で安心です。プロから見れば、その土地にどんな家が向いているかわかるし、周辺で過去にどれだけ地盤改良が行われたかなど、必要な場合は役所へ出向いて調べてもらうこともできます。

そのうちに住宅会社は、具体的なスケジュールと予算を出してくれます。総額の予算が決まれば、土地は決めやすくなります。例えば、土地代を900万円以内に収めないと高断熱・高気密の建物が建てられなくなる、とわかれば、「東京でも23区内だとこの予算で土地は買えないな。郊外のこのあたりのエリアが狙い目かな」と絞られてきます。

そうすると、そのエリアで現時点で売りに出ている900万円以内の土地が、全部で◯件ある。そのうちどの土地とどの土地だったらいい家が建つかを住宅会社の目で見てもらいます。あとはあなたがどこを気に入るかです。このように絞り込んでいくと決めやすいと思います。

このような住宅会社の視点がなく、予算もわからず、エリア感覚もなく、何となくこの街が好きだからというのでは、何年経っても何も進まないのは当たり前です。現実的で適切なアドバイザーがいて、あなたが正しい家の作り方を知ることで、後悔することなく、安心して意思決定ができるのです。

おわりに

日本の住宅事情は、いま大きな過渡期にあります。大きな理由は、本書でも触れた通り、国の住宅政策が方向転換を図ろうとしているからです。２０１３年に省エネ基準が改正され、２０２１年の国土交通省有識者会議では、２０２５年以降に新築される住宅には省エネ基準を満たすことを義務づける案が合意されました。

戦後ずっと、住宅は30年で使い捨てにされるのが当たり前とみなされてきました。今後は、高性能で住み心地よく、長持ちで資産価値も高い家づくりを重視するように変わっていくのです。と同時に、消費者の住宅に対する価値観も変える必要がある時期にあります。

国の政策目標には、２０３０年までには新築住宅の平均で年間の一次エネルギー消費量が正味ゼロとなる「ネット・ゼロ・エネルギー・ハウス（ZEH）」の実現を目指す、と掲げられています。さらにそのあと、2050年には温室効果ガスの排出を全体としてゼロにするカーボンニュートラルの達成を、政府の目標として掲げています。

このように年を経るごとに住宅に求められる性能が上がっていく中で、これからマイホームを建てようとするとき、現在の基準だけに従って建てた住宅は、あっと言う間に陳腐化し、価値のないものになってしまいます。2030年のZEH実現を見据えた、高性能な住宅を建てなければならないのです。

もはや消費者も、情報不足や知識不足を言い訳にはできません。消費者の高い意識と知識が欠かせないのです。本書の情報を参考に、できるだけ多くのみなさんが「本当にいい家」を手に入れられることを願ってやみません。

巻末特別付録

住宅会社の技術力・サービス力チェックシート

第4章で、どの住宅会社に依頼するかによって、家の品質が大きく左右されることを詳しく説明しました。そこでお話しした内容を基に、住宅会社の技術力・サービス力を見極めるためのチェックシートを作成いたしました。その住宅会社に本当に任せて安心できるかどうかを判断する際の一つの基準として活用してください。

このチェックリストの使い方

住宅会社を訪れた際、チェックリストの「質問」欄に書かれている事柄を営業担当者などに尋ねてください。その返答内容や返答を聞いたときに感じたことを「返答」欄にチェックします。最後に点数を集計し、それをもとにその住宅会社の実力を判定します。

質問	返答	点数	
UA値はいくつ?	G2基準をクリア	5	※1
	ZEH基準をクリア	2	※2
	省エネ基準をクリア	1	※3
	省エネ基準未満	0	
C値はいくつ?	1.0以下	10	
	1.0～2.0	1	
	2.0より上、もしくは不明	0	
ZEHビルダーに登録していますか?	登録している	5	
	登録していない	0	
使用するサッシの素材は?	樹脂製	5	
	木製	5	
	アルミ樹脂複合	1	
	アルミ製	0	
窓のガラスの種類は?	Low-E複層ガラス、トリプルガラス	5	
	複層ガラス	1	
	単板ガラス	0	
断熱素材は?	ウレタン製パネル、フェノールフォームパネル	5	
	セルロースファイバー(JIS品)	5	
	厚い外張り断熱	5	
	ウレタン吹き付け	1	
	袋に綿が入っているタイプ、その他	0	
地盤調査・地盤改良工事についての説明は?	あった	5	
	なかった	0	
地盤改良工法の選択肢についての説明は?	あった	5	
	なかった	0	
基礎の工法は?	ベタ基礎	5	
	布基礎	0	
基礎・床に関する断熱方法は?	基礎断熱	5	
	床断熱	0	

※1～3の各基準については67ページ参照

構造計算の料金は?	10万～20万円程度	5
	それ以上	0
建築士のヒアリングポイントは?	住まい方や生活や趣味のヒアリング	5
	数や大きさのヒアリング	1
	ヒアリングを営業担当者が実施	0
家歴書保存の提案は?	あった	5
	なかった	0
アフターサービス体制は?	安心できる	5
	安心できない	0
工期は?	3～4か月程度	5
	それ以上	0
敷地調査・プラン作成などの無料サービスは?	ない	5
	ある	0
予算の決め方は?	総予算→建物→土地	5
	その他	0
借り入れ可能な金額と返済可能な金額の説明は?	あった	5
	なかった	0
ライフプランの提案は?	あった	5
	なかった	0

合計点数 ＿＿＿ 点

判定

80点未満

できれば避けたほうがよい

最低限の技術力とサービス力はあるものの将来を見据えた省エネ住宅や質の高いサービスはあまり期待できそうにありません。特別な事情でもない限り、他社に当たったほうが後悔せずにすみそうです。

80点以上90点未満

それなりの実力がある

高性能な「いい家」を建てるだけの実力をもった住宅会社といえます。UA値やC値の数値が大きい場合は、下げられるか交渉してみたほうがいいでしょう。せっかく高いお金を払って家を建てるのだから、最低でもこのレベルの実力がある住宅会社に依頼したいところです。

90点以上

安心して任せることができる

素晴らしい技術力とサービス力をもった住宅会社に出会えたことをお祝い申し上げます。このレベルの住宅会社は、技術力はもちろん、環境への意識も高いので、将来の環境基準の変化をも見据えた住宅を建ててくれるはず。

【著者プロフィール】

ハイアス・アンド・カンパニー株式会社
HyAS & Co. Inc.

個人が住宅不動産を納得し安心して取得（購入）、居住（運用）、住替（売却）できる環境をつくることを使命に、2005年3月設立。「取得及び投資した価格で売れる家」「適正な家賃で貸せる家」をテーマとする具体的なソリューションの提供、住宅の提供者と購入者の情報格差を埋め、数字を基に納得して購入の判断ができるようなサービスの提供などに努める。

「快適で家族の健康のための住まい、資産価値の高い住まい」を考えるプロジェクトメンバー

塩崎 健太、加藤 尊彦、塩味 隆行、谷原 弘堂、北島 英雅、栗津 索、猪野 豪士、杉浦 自然、高地 可奈子、小西 芳宜、寺山 智之

増補版トクする家づくり 損する家づくり
超入門　マイホームを建てたい人がはじめに読む本

2021年11月30日　第1刷発行

著　者――ハイアス・アンド・カンパニー株式会社
発行所――ダイヤモンド社
〒150-8409　東京都渋谷区神宮前6-12-17
https://www.diamond.co.jp/
電話／03･5778･7235(編集)　03･5778･7240(販売)

装丁・デザイン―田中小百合
校正――――聚珍社
編集協力――日比忠岐(エディ・ワン)
製作進行――ダイヤモンド・グラフィック社
印刷・製本―ベクトル印刷
編集担当――前田早章

ISBN 978-4-478-11481-0